让孩子走向卓越

The Road to Excellence for Children

写给智慧父母的
7大名人教育法

姚霁桐 著

华中科技大学出版社
http://press.hust.edu.cn
中国·武汉

图书在版编目(CIP)数据

让孩子走向卓越：写给智慧父母的7大名人教育法 / 姚霁桐著. -- 武汉：华中科技大学出版社，2025.3. -- ISBN 978-7-5772-1559-4

Ⅰ．G780

中国国家版本馆CIP数据核字第2025G567D8号

让孩子走向卓越：写给智慧父母的7大名人教育法　　　　　　　　姚霁桐　著
Rang Haizi Zouxiang Zhuoyue：Xiegei Zhihui Fumu de 7 Da Mingren Jiaoyufa

策划编辑：饶　静
责任编辑：田金麟
封面设计：琥珀视觉
责任校对：刘　竣
责任监印：朱　玢

出版发行：华中科技大学出版社(中国·武汉)　　电话：(027)81321913
　　　　　武汉市东湖新技术开发区华工科技园　　邮编：430223

录　　排：孙雅丽
印　　刷：湖北新华印务有限公司
开　　本：880mm×1230mm　1/32
印　　张：8.25
字　　数：178千字
版　　次：2025年3月第1版第1次印刷
定　　价：59.80元

本书若有印装质量问题，请向出版社营销中心调换
全国免费服务热线：400-6679-118　　竭诚为您服务
版权所有　侵权必究

第一章 Chapter 1
【任式信念】把教育当成信仰

1.1 教育是最超值的"回报",再穷不能穷教育　　　3
　　黄金法则一:教育是改变命运的钥匙　　　3
　　黄金法则二:终身学习,终身成长　　　5
　　黄金法则三:敢于拼搏,敢于创新　　　7
　　黄金法则四:科技兴国,立足教育　　　9

1.2 不做"好"爸爸,才能养出"强"儿女　　　11
　　任氏教育法则一:注重独立性培养,而非包办代替　　　11
　　任氏教育法则二:强调挫折教育,培养意志力和韧性　　　13
　　任氏教育法则三:不过度溺爱,培养独立性　　　14
　　任氏教育法则四:为他人着想,培养同理心　　　16

1.3 锚定教育法:全才从专才中产生　　　18
　　锚定成长原则一:深度专业化培养　　　18
　　锚定成长原则二:多元化能力拓展　　　21
　　锚定成长原则三:创新能力的培育　　　22
　　锚定成长原则四:终身学习文化　　　24

1.4 把"打胜仗"作为一种信仰,孩子在困境中也能绝地求生　　　26
　　制胜法则一:信仰之力,把"打胜仗"作为信念　　　26
　　制胜法则二:做逆境中的胜者　　　28
　　制胜法则三:自我与超越,走出舒适区的勇气　　　30

1.5 规划要适度，领袖是自然成长起来的 　　　　　　　　33
　　领袖成长法则一：制订计划，明确目标 　　　　　　　33
　　领袖成长法则二：给予孩子充分的鼓励与肯定 　　　　35
　　领袖成长法则三：营造和谐的家庭氛围 　　　　　　　35

第二章 Chapter 2
【爱凌模式】养"女"有道　　　　　37

2.1 不要女儿做"完人"——优秀的家庭教育方式 　　　　39
　　黄金法则一：不要女儿做"完人"——允许失败，鼓励尝试 　40
　　黄金法则二：独立与自信，是孩子最好的装备 　　　　41
　　黄金法则三：家庭教育的重点——引导而非强制 　　　43
　　黄金法则四：来自家长的启示——言传身教的力量 　　44

2.2 "谷母三迁"，眼界和认知才是给孩子的最好的礼物 　　46
　　成长礼物一：眼界是孩子腾飞的基础 　　　　　　　　47
　　成长礼物二：认知是制胜的法宝 　　　　　　　　　　48
　　成长礼物三：提前做好教育规划 　　　　　　　　　　49

2.3 父母情绪稳定，不花钱也能养出强大的人格内核 　　　51
　　黄金法则一：情绪稳定，奠定孩子安全感的基础 　　　52
　　黄金法则二：鼓励与支持，培养孩子的自信心 　　　　53
　　黄金法则三：正确的情绪教育，让孩子学会自我管理 　54
　　黄金法则四：人格内核的塑造，长期效应与影响 　　　55

2.4 做不到这一点，谁也培养不出第二个"谷爱凌" 　　　57
　　黄金法则一：自由式教育，激发孩子的潜能 　　　　　58

黄金法则二：目标设定与毅力培养　　　　　　　　　　　59
　　黄金法则三：自我挑战与风险承受能力　　　　　　　　61
　　黄金法则四：全球化视野与跨文化理解能力　　　　　　62

2.5　每一个"牛娃"的背后，都离不开全力托举的家庭　　64
　　家庭环境：给孩子足够的关心　　　　　　　　　　　　64
　　家庭氛围：开放、多元与坚定、努力　　　　　　　　　66
　　家庭教育：尊重与包容共存，携手进步　　　　　　　　67

第三章 Chapter 3
【盖茨传承】以富传富　　　　　　　　　　　　　71

3.1　遇上一个好妈妈——"问题少年"也能成"首富"　　73
　　黄金法则一：发掘孩子的潜质，好妈妈都很会"观察"　　74
　　黄金法则二：孩子的问题，首先是家庭的问题　　　　　75
　　黄金法则三：高质量的陪伴，爱让孩子真正地蜕变　　　77
　　黄金法则四：匹配合适的资源，助孩子腾飞　　　　　　78

3.2　正反馈原则："孩子成长过程中经历的绝大多数痛苦，
　　都来自长期对自我的否定"　　　　　　　　　　　　　80
　　引导方法一：营造和谐家庭氛围，这是天才成长的沃土　82
　　引导方法二：正确引导，不要随意否定　　　　　　　　83
　　引导方法三：以身作则，父母就是孩子最好的榜样　　　84
　　引导方法四：给孩子积极暗示，打破思维局限　　　　　85

3.3　比尔·盖茨的4个阅读习惯，自家也能轻松打造庞大知识库　87
　　阅读习惯一：在书页空白处做笔记　　　　　　　　　　87
　　阅读习惯二：不看不喜欢的书　　　　　　　　　　　　88

阅读习惯三：最佳选择是纸质书 … 90

阅读习惯四：给阅读留下充足的时间 … 90

3.4 做懂得适度放手的父亲：榜样的作用比直接教导更有效 … 92

黄金法则一：离开舒适区，带领孩子尝试新领域 … 93

黄金法则二：尊重孩子的选择，做孩子最坚实的后盾 … 93

黄金法则三：乐于沟通，适当鼓励 … 95

3.5 盖茨家族的"富养"之道：延续财富帝国的传奇 … 97

"富养"法则一：传递正确的财富观 … 98

"富养"法则二：陪伴是最长情的告白 … 100

"富养"法则三：爱与尊重的教育哲学 … 102

第四章 Chapter 4
【巴菲特原则】生财，从源头开始 … 105

4.1 巴菲特推崇的"抠养"式教育，究竟魅力何在？ … 107

"抠养"式教育法则一：合理使用资源，强调效益最大化 … 108

"抠养"式教育法则二：教育子女独立思考与自我奋斗 … 110

"抠养"式教育法则三：注重精神财富传承，而非物质遗产 … 111

"抠养"式教育法则四：务实、理性的生活态度与投资哲学 … 113

4.2 通过结交优秀的人，高效学习，快速成长 … 116

吸引力法则一：不断学习，打破界限 … 117

吸引力法则二：真诚待人，建立信任和友谊 … 118

4.3 善用"择时"原则，辨识诱惑，巧避危机 … 121

"择时"原则一：找准时机，迎难而上 … 121

"择时"原则二：独立思考，分步达成目标　　124

"择时"原则三：辨识诱惑，巧避危机　　125

4.4 巴菲特：当明白这点时，我才开始变得富有　　127

富有法宝一：成功需要坚持　　127

富有法宝二：兴趣是最好的老师　　130

富有法宝三：终身学习，终身阅读　　132

富有法宝四：认清自己，理性判断　　133

4.5 《巴菲特神秘俱乐部》：共享富翁的财富秘笈　　135

财商培养技巧一：选择一个好位置　　135

财商培养技巧二：没有计划就等于失败　　136

财商培养技巧三：从错误中学习　　137

财商培养技巧四：学会合作　　138

财商培养技巧五：价值影响价格　　140

第五章 Chapter 5
【稻盛心法】最好的教育，大智若愚　　143

5.1 稻盛和夫：真正决定孩子一生的，不是成绩，而是人格教育　　145

世上没有两片完全相同的树叶，每个人皆有所长　　145

勇于追求自己的梦想和目标　　149

5.2 三项心灵的塑造法则：最平凡的父母，也可以教育出非凡的孩子　　151

心灵塑造法则一：真诚待人、拥有善良品质　　151

心灵塑造法则二：积极行动，走出苦难的陷阱　　153

	心灵塑造法则三：幸福是培育美好心灵的沃土	155
5.3	学会自我管理：向外诉求，不如向内生长	157
	自我管理法则一：自我反思，进步的序曲	157
	自我管理法则二：以心为本，以德发展	159
	自我管理法则三：培养内在品质，提升个人魅力	161
	自我管理法则四：鼓励个人发展，促进社会进步	162
5.4	善用这6个黄金法则，再复杂的问题也能"简单化"	163
	黄金法则一：付出不亚于任何人的努力	163
	黄金法则二：保持谦虚的态度，戒骄戒躁	165
	黄金法则三：每天反省，不断改进	165
	黄金法则四：活着，就要感谢	166
	黄金法则五：积善行，思利他	167
	黄金法则六：忘却感性烦恼	168
5.5	自我实现最快的四条路径	170
	自我实现路径一：明确的人生使命与愿景	170
	自我实现路径二：面对困难，不失勇气	171
	自我实现路径三：不断实践，深化体验	172
	自我实现路径四：拓宽视野，心怀世界	173
5.6	看似"愚直"，实则"愈智"：极致的利他，才是最好的利己	175
	黄金法则一：踏实肯干，不投机取巧	175
	黄金法则二：敬天爱人，学会感恩	176
	黄金法则三：利他，是最好的利己	177

第六章 Chapter 6
【马斯克思维】天才还是疯子,全在一念之间 179

- 6.1 亿万富翁的单亲妈妈:最好的育儿经是提升自己   181
  - 育儿法则一:个性化教育   182
  - 育儿法则二:学会独立   183
  - 育儿法则三:言传身教   185
  - 育儿法则四:冒险精神   186

- 6.2 第一性原理的思维方式,成功实现科学狂人的宇宙梦   188
  - 黄金法则一:找寻本质,尝试提出问题   189
  - 黄金法则二:挑战现状,敢于创新   190
  - 黄金法则三:系统性思维,全局规划   191
  - 黄金法则四:量化分析,精准执行   192

- 6.3 找到自己热爱又有天赋的事情   194
  - 不平凡法则一:自我认知,确认个人热爱   194
  - 不平凡法则二:确认目标,追求梦想   197
  - 不平凡法则三:放手去做,跨界与实践   198
  - 不平凡法则四:引领未来,担当社会责任   199

- 6.4 懂得利用逆境,掌握人生翻盘的利器   200
  - 翻盘法则一:积极心态,找寻问题的答案   200
  - 翻盘法则二:战略规划,适时调整方向   201
  - 翻盘法则三:注重效率,持续学习与成长   202

- 6.5 成功源于日积月累地努力   204
  - 黄金法则一:多读书,阅读是成长的底气   204

黄金法则二：努力工作，实现个人价值　　　　　206
黄金法则三：拓宽视野，敢于冒险　　　　　　　207

第七章 Chapter 7
【乔布斯理论】完美从极致中来　　　　　211

7.1 领养家庭+草根父母，却以"宽松教育"培养出亿万富翁　213
　　"宽松"教育法则一：爱与自由，灌溉出茁壮的花朵　　214
　　"宽松"教育法则二：工匠精神，保持专注　　　　　　215
　　"宽松"教育法则三：以身作则，父母是孩子的榜样　　217
　　"宽松"教育法则四：坚定支持，给孩子创造机会　　　218

7.2 不顾一切也要去做的事，可能会为你的未来带来机遇　222
　　黄金法则一：保持平常心，不要害怕失败　　　　　　223
　　黄金法则二：求知若渴，虚心若愚　　　　　　　　　224
　　黄金法则三：敢于挑战权威，不要被传统思维束缚　　226

7.3 培养极致品味，缔造"完美产品"　　　　　　　　　　228
　　认知原则一：团队合作，一倍的时间，两倍的效率　　228
　　认知原则二：保持自信是破除困难的魔咒　　　　　　229
　　认知原则三：学会专一，至繁归于至简　　　　　　　230
　　认知原则四：立足当下，不要等待明天　　　　　　　231
　　认知原则五：保持乐观，创造积极的心态　　　　　　232

7.4 光凭创意无法成功，持续思考才能前进　　　　　　　234
　　思维法则一：探索与尝试，培养创新精神　　　　　　235
　　思维法则二：跨界学习，拓宽视野与认知　　　　　　236
　　思维法则三：独立思考，不受外界干扰　　　　　　　237

7.5 用长远的视角看待孩子 239
  黄金法则一:"放养式"教育,给孩子足够的成长空间 239
  黄金法则二:擅长交际,能说会道 241

后记 成长的路上四处为家   243

第一章
Chapter 1

【任式信念】
把教育当成信仰

> 无论是做企业还是做教育都需要有信仰、懂人性,跟着任老学,赢在长远,赢在未来。

1.1 教育是最超值的"回报"，再穷不能穷教育

身为知名企业家，任正非除了扎根华为，还尤其专注另一件事——教育。即使在华为最艰难的时期，任正非仍旧极其重视科研以及教育。在任正非的心中，教育是最超值的"回报"，再穷不能穷教育。

而华为就像他的孩子一样，他在对公司的管理中带入了自己的教育理念，在教育孩子时也带入了公司的管理理念。让我们跟着任正非学教育，赢在长远，赢在未来。

◆ 黄金法则一：教育是改变命运的钥匙

对于大多数人而言，教育是改变命运的最佳方式，是打开新世界大门的钥匙。

1944年10月25日，在贵州省安顺市的一个贫困小镇上，洪亮的啼哭声响彻房内，刚刚出生的是一个男孩。他是这个家庭的第一个孩子。父亲给他取名为正非，希望他能明辨是非，一身正气。若干年后，他入伍当兵，一心报效祖国。后来他成立了一个企业，命名为华为，希望中华有为。

　　任正非的家距离黄果树瀑布不远，景色优美，但着实贫困。父亲出生于浙江省金华市，大名任木生，字摩逊，是当地的一名教师。母亲程远昭是个地道的贵州女孩，善良朴实，温厚勤劳。

　　当时粮食匮乏，大家都吃不饱饭，而任正非家共有7个孩子，他们家中吃不饱饭的情况尤甚。为了让孩子们都能吸收足够的营养，任木生与程远昭每顿饭都会将饭食按照人数分好，以保证每个人都能吃得上饭。

　　尽管家中贫困，但是任木生与程远昭从未放弃孩子们的教育。当时当地的村镇小学的学费是每个孩子每年2～3元，家中已经穷得揭不开锅，但是为了让孩子们读上书，任木生与程远昭到处去借钱，为他们凑齐学费。

　　钱不够，那就去借，读书生活用具不够，那就去捡。当任正非考上重庆建筑工程学院时，为了给任正非准备一条好被子，程远昭在任职学校的垃圾堆中找出一条被人丢弃的被子，清洗干净、缝补好后，让任正非带去了学校。这条被子，任正非用了五年。

父母竭尽所能给予任正非受教育的机会，不仅为他打开了接受知识的大门，更帮助他走出了贫困的家乡，到了新的平台，想必这也是他坚信教育是最超值的"投资"的原因之一。

其实，每个家庭的情况都不同，以何种方式培养孩子一直是父母头疼的问题，因地制宜、有的放矢就可以。父母的托举让每个孩子都能受到良好的教育，新世界的大门也就悄悄打开了。

◆ 黄金法则二：终身学习，终身成长

曾经有人这样评价任正非，说他"读万卷书，行万里路，与万人谈，干一件事"。在父母的教导下，他深知只有通过读书才能改变自己的命运，为此，他一直扎实学习，勤奋读书。而在工作以后，在成长为优秀企业家的路上，任正非仍保持着终身学习、终身成长的学习态度。

学习是改变命运的途径

作为家中长子，任正非的肩膀上有着不小的压力。在他高考前的三个月，为了让他能够吸收更多营养，母亲每天都会额外做一个玉米饼给他。在一个有着九口人、粮食要按照人数分配的贫困之家，省出这些粮食是多么的困难！

为了更好地报答家人，任正非给自己制订了不少的计划。他学习电子计算机、数字技术、自动控制等专业技术，甚至自学了外语，达到了可以通读大学课本的程度。

他在大学中努力刻苦地学习，并积极参加学校举办的各种活动，因此认识了其他高校的一些老师，拓展了自己的知识面和人脉资源，总算没有辜负父母的期望。后来，任正非应征入伍，他在军队中也有着亮眼的表现。

在父母正确的引导下，任正非考上了大学。而在家庭贫困、资源有限的环境下，任正非没有放弃对知识的追求。他充分利用学校资源，自学英语，为自己以后的发展打下坚实的基础。

自主学习是人们改变命运的途径之一，这一点毋庸置疑。许多父母在培养孩子的过程中，将自己所有的期望都放在孩子的身上，恨不得将自己所有的资源都砸在孩子的身上，什么都手把手地教孩子，却忽略了培养孩子自主学习的能力。培养孩子的自主学习能力才是最好的投资方式之一。

中年离婚，从零创立华为

伟大人物的一生中，总是会有一些跌宕起伏的情节。

1974年，任正非入伍成为基建工程兵。1983年，由于国家整建制撤销基建工程兵，任正非以副团级技术干部身份从部队转业，后入职深圳南海石油集团公司的电子分公司担任副总经理，到这时他的生活才稍微安稳。然而，好景不长，任正非被客户欺骗，导致公司损失了200万元，他因此被公司开除了，还背负了一大笔债务。

之后，任正非很是消沉了一段时间，好在父母的鼓励让他重新振作起来。在那段时间里，年迈的父母专门从乡下老家来到城里陪伴任正非，没有辜负父母对他的期望，任正非很快就收拾心情重新开始。之后，在朋友的热心帮助之下，他与几个合伙人一起集资了2万余元，开办了深圳市华为技术有限公司。

在面临人生的困境时，任正非没有放弃，依托父母给予他的鼓励与陪伴，他很快就振作起来，从挫折中汲取力量，继续前进。他通过朋友的支持与自身的努力，凭借不断学习与进取的态度，创立了华为，开启了新事业。

父母的支持和理解是孩子在面对困难时的重要支撑，在任正非身陷困境时，他的父母给予了他鼓励和陪伴，帮助他重新振作，成为他走出低谷的重要力量。因此，在教育孩子时，父母要时刻向他们传递"失败并不可怕，挫折是成长的阶梯"的观念，让他们明白家庭永远是他们的避风港湾和力量源泉，是他们的"大后方"，会永远给予他们前行的勇气。

◆ 黄金法则三：敢于拼搏，敢于创新

常言道"虎父无犬子"，任正非的父亲任木生从青年时的家道中落到中年时的衣食无忧，从中学老师到政协副主席，他的一生不可谓不波折。但凭借自身毅力与拼搏精神，任木生克服了一切困难，他的经历与个人品质深深地影响了任正非。在任正非创立华为的过程中，最不缺的就是拼搏、创新的精神。

自己做研发

刚开始,华为并非以研发为主,而是专攻代理销售。华为最初是通过代理香港的模拟交换机赚取差价而在市场上站稳脚跟。随着公司口碑的逐渐提升与业绩的增加,华为从只有几个人的小公司逐渐变成了有50人、100人的公司,形势一片大好。

然而好景不长,由于未知的原因,香港的供货商不再给华为供货。破釜沉舟之下,任正非选择组建专门的团队,自己研发程控交换机。这是华为迈出的重要一步,为其后面的壮大发展奠定了基础。

差一点公司就被卖掉

华为的发展历程,可谓充满波折。

2003年,思科正式起诉华为,理由是华为侵犯其知识产权。这一事件引起了巨大的舆论,为了保证自身利益,许多企业选择暂停与华为合作,以观望的态度等待此次事件的发展。任正非与思科的竞争对手3COM合作成立公司"华为三康",而3COM的总裁出庭为华为作证,华为并没有侵犯思科的知识产权。

最后,思科与华为达成庭外和解,但这次事件对刚刚进入全球市场的华为的商誉的影响是巨大的。后来,有消息称:美国可能将华为列入制裁的黑名单中。在各种压力之下,任正非的身体出现了很严重的问题,因此签署了卖出华为的协议,希望将华为卖给摩托罗拉。幸而,摩托罗拉的新负责人认为华为的报价过高,直接否决了这个收购项目。

面对困难与挑战,任正非始终保持着敢于突破、敢于创新的态度。他敢于自己独立进行研发,也积极寻找解决问题的方法,与思科的竞争对手合作,灵活应对所遇困难,寻求合作创新,这才成功逆袭,成就了华为在全球通信行业的领先地位。

故此,在对孩子的培养上,父母不仅需要提升孩子的学习能力,也需要培养孩子的创新能力与发散思维。

◆ 黄金法则四:科技兴国,立足教育

任正非的父母都是老师,而任正非自身的经历也让他明白,教育对一个人的影响有多大,而人才对一个国家的影响又有多重要。华为一直都非常重视人才的培养与吸纳,时常有"XXX毕业生、XXX博士被华为以百万年薪聘用"的新闻出现在各种媒体上。毋庸置疑,任正非带领华为,真正做到了他一直持有的"科技兴国,立足教育"的观念。

"以宽容的态度对待科研"

任正非一直都知道,科研是一场漫长的旅程。为此,任正非一直保持着在科研上投入大量资金的态度,鼓励研究人员在科研过程中"浪费"。他一直强调,科研并不是必须有成果才是成功的,科研的过程就是培养人才的过程,这是通往成功的必经之路。

"让优秀的人培养优秀的人"

在一次采访中,任正非强烈呼吁道,中国需要加强对科技人才的培养,要专注基层教育,让优秀的人培养优秀的人。比起花钱"砸"技术成果,任正非更喜欢花钱"砸"科学家、"砸"技术人才,科技人才的教育培养是国家发展的第一动力。

父母与大学培养了任正非,任正非也知反哺,他通过支持科研及教育培养了更多的人才。其实,家长教育孩子的过程,就像是一朵花通过它的芬芳和美丽,影响另一朵花的绽放;一棵树凭借其根深叶茂的生命力,激励另一棵树茁壮成长,这些花、树交织起来,就会形成绚丽的风景。

无论是让孩子拥有终身学习的意识,还是让孩子拥有终身学习的勇气,或是让孩子拥有创新的思维,家长在培养这些特质的过程中扮演着至关重要的角色。教育是最超值的"投资回报"方式,再穷不能穷教育。在孩子成长的过程中,家长应当树立起榜样作用,通过自身的言行影响和激励孩子,或是让孩子参加适当的教育课程,从而培养出对他们终身有益的性格或者习惯。

1.2 不做"好"爸爸,才能养出"强"儿女

作为著名的爱国企业家,任正非在教育界同样有名,他的三个孩子均是有能力之辈,在不同领域有着不俗的成绩。在对三个孩子的教育方面,任正非秉持一套独特且富有成效的教育法则,致力培养儿女的独立性、坚毅的品质以及正确的价值观,方才造就三个孩子的卓越品格。

◆ 任氏教育法则一:注重独立性培养,而非包办代替

在孟晚舟成为从容的华为副董事长背后,她付出了诸多不为人知的努力和心血。

宽敞的办公室中,一个女生从办公室里出来,表情

十分沮丧。就在刚才,她拿着一份文件到任正非的办公室询问他,这份文件的内容是否得当,是否还需要修改?任正非却将她劈头盖脸地一阵痛骂,让她自己思考该如何修改这份文件。这个女生垂头丧气地从办公室走了出来,自己琢磨着该如何将这份文件改对。最终,经过多次修改,她把文件改对了。

这样的场景在这个女生入职这家公司的前几年时常发生,办公室的同事们也都司空见惯了,但是就是在这样的打击与磨炼之下,这个女生逐渐成长起来,工作经验越来越多。她从职员变成了经理,再成为主管,最后成了副董事长。

她就是孟晚舟,华为总裁任正非的大女儿。

许多父母由于过于担忧孩子,于是,不管孩子遇到什么事情他们都一手包办,清洗孩子的衣物、清理书包,甚至在孩子刷牙时都恨不得帮孩子刷。现在网络上有很多关于孩子被照顾得太过精细而无法独立的社会新闻,还有不少孩子上大学后由于生活不能自理而退学的新闻。在过于细心的照料下,孩子无法独立,过度依赖父母,如果有一天父母不再打理孩子的生活,那么孩子可能会无法适应这个世界。

而任正非在教育孩子时,非常重视培养孩子的独立性。在孟晚舟的成长过程中,任正非从未为孟晚舟"保驾护航",而是让孟晚舟待在她应该在的舞台上。他的教育理念是有多大的能力就承担多大的责任,想要成长就要自己努力往上走。他一点儿也没有惯着、宠着孩子,这才铸就了孟晚舟优秀与卓越的品质。

◆ 任氏教育法则二：强调挫折教育，培养意志力和韧性

"没有伤痕累累，哪来皮糙肉厚，英雄自古多磨难。"这是华为内部流行的一句话，事实也印证了这一点。在华为成长的过程中，遇到了大大小小的各种困境，而任正非始终以积极的心态面对这一切，他的长女孟晚舟也极好地继承了这一点。

2021年9月25日，被加拿大警方以"响应美国的逮捕令"为理由而被非法扣押了1000余天的孟晚舟顺利归国。

在这场阴谋的背后，是美国对华为的制裁。美国司法部曾经告诉孟晚舟，只要她认罪，他们就可以不上诉或者延迟起诉。

孟晚舟没有低头，她始终坚持不认罪，坚持通过法律途径来维护自己的权益。

在被非法逮捕期间，孟晚舟经历了不正当搜捕、盘查，以及种种常人无法想象的难关。

在面对这一切时，孟晚舟始终向父亲学习，以最积极、最坚强的态度应对每一次的难关。每一次出庭，孟晚舟都穿着得体，脸上带着优雅从容的微笑，尽管脚下有镣铐，但这从未铐住她不屈的灵魂。

在一次与父亲的通话中，孟晚舟告诉父亲，她要在"狱中"拾起课本，读过去没有时间读的书，然后读一个"狱中大学"出来。

孟晚舟的坚韧和从容，是她从小受到的家庭教育与华为的企业

文化培养出来的。面对重压与不公，孟晚舟没有妥协，以实际行动彰显了中国企业家在国际舞台上维护自己合法权益的决心和勇气。

无论是企业还是个人，挫折一直是他们/它们成长过程中宝贵的财富。只有经历过磨难和挫折，人才会更加成熟，更有力量面对未来的挑战。挫折教育并不仅仅是为了让孩子学会如何应对挫折，更是为了培养他们的意志力和韧性。孩子只有拥有了强大的意志力和韧性，才能在人生的道路上走得更远，更快地实现自己的梦想。

◆ 任氏教育法则三：不过度溺爱，培养独立性

真正的爱是放手，培养孩子的独立性，任正非做到了这一点。

任正非有三个孩子，年长的两个孩子是与前妻孟军所生，最年幼的那个孩子是与现任妻子姚凌所生。对于他的三个孩子，任正非始终坚持培养孩子们的独立性，从不过度溺爱他们。

任正非明白，溺爱只会阻碍孩子的成长，让他们无法真正独立面对生活。任正非从不过度干涉孩子们的决策和行动，在孩子们小的时候，任正非就鼓励他们自己解决问题，培养他们的独立思考能力。

在孟晚舟面临国际纠纷时，正是任正非从小培养的她的独立性以及面对困难时的积极态度，使孟晚舟展现出了超乎常人的坚韧与毅力，也成就了她独特的个人魅力和领导力。面对小女儿姚安娜追逐演艺圈的选择，任正非也始终将自己当成孩子最坚实的后盾。

在任正非的影响下，孩子们也展现出了出色的独立性。他们不

仅在学业上取得了优异的成绩，还在工作中展现了出色的能力和才华。他的长女孟晚舟目前已经是华为的副董事长；长子任平毕业于中国科学技术大学，目前在华为担任要职。

与此同时，任正非教育理念中的不溺爱、培养独立性，不仅体现在了他在日常生活中对子女的教养上，更渗透到了华为的企业文化中。华为以"以奋斗者为本，爱国，学习，创新，团结"为企业核心文化，并且持续激励员工自我驱动，勇于创新，敢于承担风险，从而形成了独树一帜的企业精神风貌和强大的竞争力。

不做"好"爸爸，才能养出"强"儿女。任正非从来都不是传统意义上的"好爸爸"，他像一位严师，用实际行动教会孩子们独立与自强。在孩子成长的过程中，任正非很少扮演"事无巨细、过度照顾"的角色，而是通过适度放手，让孩子们学会自己解决问题，直面生活的挑战。

任正非以身作则，身体力行地向孩子示范如何在困境中坚守信念、如何在压力下保持冷静、如何在受到诱惑时坚守品德，并以此培养出孩子们独立思考和决策的能力。他的教育方式看似严厉，实则是对孩子们最大的爱护。真正的强大并非来自外界的庇护，而是源于内心的坚韧和自我提升的决心。

最终，孩子们在他的教育理念的熏陶下，个个都展现出了非凡的毅力和才干。无论在华为内部还是在各自的人生舞台上，他们都以自身的优秀证明了父亲教育的成功，诠释了"不做'好'爸爸，才能养出'强'儿女"的深刻内涵。

◆ 任氏教育法则四：为他人着想，培养同理心

同理心是构建良好沟通的基础之一，也是孩子未来能够成功的基石。

一个男孩饥肠辘辘地站在厨房里，狭小的房间内一览无余，没什么吃的。

他环顾四周，看到了粮食不太丰盈的米缸，闻了闻香味，咽了咽口水，忍住了想吃饭的欲望。

搓了搓冰冷的双手，他走到饭桌前，抓了一些剩菜，再煮了点米糠，将二者搅拌在一起，囫囵吞枣地咽了下去。

父亲常常看到他这样，心疼地说："孩子，这样吃，你的胃会坏掉的！"

他摇摇头，安慰父亲："没事，父亲，我的身体好着呢！"

闻言，父亲只能心痛地握着他的手，却无计可施。

那个时候，大部分人都吃不饱，男孩的家中本就贫穷，常常缺衣少食。他是家中长子，有好几个弟弟妹妹，为了保证家中每个孩子都能活下去，父母都是按照人数划分好每人每天的口粮。

此时正值男孩要考大学的关键时期，他每天都在拼命看书，精力消耗十分大。但是家里的口粮只有那么多，一天下来，男孩常常饿得头晕目眩。

但不管自己如何饥饿，男孩从未偷吃或者多吃不属于自己的份额的口粮，因为他知道家里的其他人也都饿着肚子。他知道饥饿的滋味，不想为了填饱自己的肚子而让家里的其他人饿着肚子。

后来，男孩考上了大学，还自己创业，成了著名的爱国企业家。

男孩正是任正非，无论自己，还是自己的孩子，任正非都要求具备良好的品德。同理心教育应该贯穿于孩子成长的过程。在孩子成长的过程中，他们会面临各种各样的社交关系，学会为他人着想，才能够进行有效沟通。

1.3 锚定教育法：全才从专才中产生

任正非曾多次强调，国家的未来在于教育，全才从专才中产生。

对孩子的培养，也正是这样的道理，家长们需要锚定目标，培养孩子积累深厚的专业知识，广泛涉猎其他各领域的知识，引导孩子们成长为不仅可以在某一专业领域独树一帜，更能在多领域和跨界能力上展现卓越才华的人才。

◆ 锚定成长原则一：深度专业化培养

三百六十行，行行出状元。家长需要鼓励孩子找到最喜欢的领域，然后再让孩子深耕这一领域。

强调专业知识的深度与广度

世上的全才从来都是少数人,专才才是世上优秀人才的绝大部分。在企业经营方面,任正非一直坚信专业人才是企业成功的关键。

华为公司一直致力培养和引进各类专业人才,他们在各自的领域中深耕细作,以实现技术的突破和创新。任正非曾经明确表示,华为的新员工在入职时就会有差异化的定向培养。他们会在各自擅长的地方,在不同的岗位上发光发热。

在家庭教育中,任正非亦是如此,如同父亲任木生教育他,学习一门学问需要学精、学通一样,他尊重孩子们的选择并鼓励他们在自己喜欢的领域中深耕。姚安娜喜欢芭蕾舞,他就鼓励孩子坚持训练,姚安娜在15岁时就成了英国皇家舞蹈学院芭蕾的最高级别获得者。

专业在精而不在多,父母应该尊重孩子的兴趣和特长,强调他们学习专业知识的深度与广度,并鼓励他们深入学习和探索。

提供个性化的教育方案

在《面对面》专访中,任正非着重谈到了基础教育,他表示:个性化教育才是未来教育的方向,才是诸位家长需要关注的地方。当有了个性化人才,才会有"不死的"华为。

只有拥有专业知识和技能的员工才能推动公司的发展,而华为在招聘新员工时,也会根据他们的专业背景和技能进行筛选,以确保他们具备足够的实力和潜力。在家庭教育中,任正非同样关注孩子的个性化教育。

在孟晚舟担任办公室普通职员的岗位时，通过对女儿日常工作的观察与她接触，任正非明白女儿和他一样，是个脚踏实地的人，但她没有精通的领域，长此以往，未来的她很难带领华为这艘大船往前航行。

于是，任正非便让孟晚舟专攻财务方面，让她学会财务管理。在父亲的指点下，加之自身的努力，孟晚舟很快就对财务管理熟悉起来。后来，她更是一手打造了华为的财务体系，该体系得到了父亲任正非的赞赏。在孟晚舟被加拿大非法扣押期间，为了让女儿得到安慰和支持，一向低调的任正非开始频繁出现在公众视野里。而当记者问到华为有什么让任正非感到骄傲时，任正非也总会提到女儿孟晚舟一手打造的财务体系，语气中蕴含着满满的骄傲。

不仅如此，任正非对个性化家庭教育的理解还远不止于此。他深刻认识到，对于孟晚舟和姚安娜两位女儿的教育，不能采用单一的方式，而要因材施教，充分挖掘她们各自的潜能。孟晚舟在华为的成长历程就是一个典型的个性化教育案例，她在工作中不断磨砺自己，从基层做起，直至掌管华为庞大的财务体系，这与任正非坚持让女儿自主探索、自我塑造的职业道路紧密相关。相较于孟晚舟在商界的铁腕风格，小女儿姚安娜更多地展现了她在艺术及时尚领域的才华和影响力。

在深度专业化培养原则的指导下，家长应着重强调孩子在某个特定领域内进行深度和广度的专业学习，不仅要追求扎实的基础知识，更要鼓励他们探索那个领域的前沿动态。作为一名教育管理者，笔者也深切明白家长们望子成龙、望女成凤的美好期望，因此，家长们也可以通过咨询专业的机构等方式，为孩子提供个性化教育方案，高效率地解决问题。

◆ 锚定成长原则二：多元化能力拓展

当今世界，风云际会，变幻迅速，多元化能力的培养也就显得越发重要。无论是企业还是个人，单一的技能或知识已经无法满足世界快速发展的需求，如何拓展孩子的多元化能力，已然成为一种刚需。

培养多种能力

在面对美国的打压时，任正非明白，在日益复杂的全球化竞争环境中，单一的专业技能早已不足以支撑企业长期的生存与发展。华为一直鼓励员工跨越专业的局限，扩展多方面的技能和知识。

此外，为了培养更多的专业人才，2012年，任正非向母校都匀一中捐款，还聘请专业的专家团队制定校训。

对于家长而言，鼓励孩子尝试新事物、探索不同领域，都是为了让他们体验多元化的学习机会。当孩子拥有多元化、国际化的思考方式，即使面临困难和挑战，他们也能够展现出强大的适应力和创造力，从而寻找到新的出路。

天空足够大，世界会越来越兴盛

任正非曾经说过，未来要靠孩子，而要靠孩子，唯有靠教育，实现这一切的基础,正是基础教育。任正非强调,优质的教育尤其是基础教育,是孕育未来栋梁之材的关键土壤。

每一个孩子的潜力都是无穷的,只有扎实的基础教育,才能发掘这些潜力,使孩子们在未来能够从容应对各种挑战,把握时代发展的脉搏,从而推动整个世界的持续进步和繁荣。

在华为,为了加强员工的基础教育,华为为员工提供了各种培训和提升技能的机会。这些培训涵盖了各种基础知识,如数学、物理、计算机科学等,以及专业知识和技能。通过这些培训,员工可以不断提升自己的基础知识和技能水平,更好地适应快速发展的市场需求。

良禽择木而栖,世界的广度取决于孩子们视野的宽度。在孩子们日复一日地学习与进步中,他们也必将成为有才能之辈,不辜负家长与社会的培养。

◆ 锚定成长原则三:创新能力的培育

任正非一直重视培养孩子的创新能力,这一点也被他带入了对华为的建设中。华为一直将技术研发和创新放在首位,投入大量资源建设研发队伍,创建了世界顶尖的研发系统,终于成功推出了鸿蒙系统。任正非鼓励孩子敢于面对困难,不惧权威,也带领华为突破技术瓶颈,勇攀科技高峰。

培养创新精神和应对变化的能力

在华为内部，创新精神的培养体现在一系列措施中，例如设立专项奖励基金激励科研人员推出成果，推行容错机制保护创新尝试，以及开展各种创新竞赛和内部研讨活动，激发全体员工特别是年轻人才的创新热情和潜力。

任正非曾说，华为要敢于走在时代前沿，敢于引领潮流，敢于做前人没做过的事情。这种理念深深地植根于华为的企业文化之中，成为推动华为不断前行的强大引擎。

而为了培养孩子的创新能力，家长们可以采取多种方法。例如鼓励孩子具备开放的心态，接受不同的观点和思想；鼓励孩子勇于尝试和探索，不怕失败和挫折；鼓励孩子善于观察和思考，发现问题的本质和关键点，并提出创新的解决方案。这些都是培养孩子创新力的良方。

层层选拔，成长的车轮滚滚向前

华为有着较为完善的人才选拔制度，华为会将不同专业分类，授予其不同的职位，以便于管理。与此同时，每个岗位都有相应的选拔标准，而标准也是公开透明的。

任正非将这种选拔与培养人才的理念同样延伸至家庭教育方面。他鼓励孩子自我探索，发现并追求自己的兴趣，就如同华为内部人才被激励发掘自身的专业优势一样。

其实，每个孩子都有自己的天赋和潜力，家长的责任就是发现并培养孩子的天赋，引导他们走向成功。同时，孩子也需要经历适度的挫折与困难，以此锤炼他们的意志，提高解决问题的能力。

◆ 锚定成长原则四：终身学习文化

我们常说，活到老，学到老。只有通过不断学习，孩子才能不断提高自己的能力，从而在激烈的市场竞争中立于不败之地。

养成看书的习惯

任正非很喜欢读书。他曾经被财富中文网评为"最爱读书的年度中国商人"，他也常常戏称自己为"宅男"，最大的爱好就是宅在家中看书。他的书房内藏书丰富，涉及科技、经济、历史、哲学等多个领域，正是这些书籍滋养了他海纳百川的格局。他在孩子很小的时候就会培养他们爱读书的习惯，并以身作则，鼓励孩子们在遇到困难时多在书里寻找答案。

在企业经营方面，任正非推崇的终身学习文化在华为体现得淋漓尽致。华为一直以来都非常注重员工的培训和学习，投入大量的资源为员工提供各种培训和学习机会。华为大学就是华为为了培养人才而建立的一所企业大学，为员工提供各种课程和培训，帮助他们提升专业技能和管理能力。

阅读书籍是培养孩子终身学习观念的最有效途径之一，多读书、读好书，不断拓宽视野，提升综合素质，是帮助孩子成长的不二法门。

教育的终点是星辰与大海

教育的终点是什么？是繁琐的教育学研究？不，教育的终点是星辰与大海，是个性化与智能化的深度融合，是培养面向未知世界的创新者与终身学习者。

任正非认为未来的教育不仅仅是传授知识，更是激发学生的好奇心，培养他们独立思考的能力、批判性思维以及适应未来社会变革的能力。

目前，华为已经采用数字化、网络化的培训手段，结合大数据分析，为员工提供定制化的学习路径，助力他们攀登各自领域的知识高峰，走向更广阔的发展空间。

与此同时，教育也不再局限于传统的学校教育阶段，而是贯穿人的一生，家长应当鼓励孩子积极探索、勇于尝试，培养他们对世界的好奇心和对知识的渴望，这样才能在瞬息万变的时代潮流中，拥有可以在浩瀚未来探索的实力与勇气。

任正非还曾提到过，在科学、技术、工程等多个领域，不同的人才选择不同的方向，要充分发挥每个人的才智。多学科交叉突破会有更多可能，横向融合创新才能形成颠覆性的效果。

全才并非一开始就是全才，而是从专才中逐渐成长而来的。单一的专业知识已经难以满足社会的需求，跨学科思维和创新能力变得越来越重要。家长只有不断拓展孩子的知识领域，使他们勇于尝试新的思维方式、拥有创新能力及核心竞争力，才能使孩子更好地应对未来的挑战和机遇。

1.4 把"打胜仗"作为一种信仰，孩子在困境中也能绝地求生

作为华为的创始人和领导者，任正非的成功并非偶然，我们不能忽视他背后的家庭教育。任正非的父亲任木生教导他要有信仰，要有不屈不挠的精神，这些塑造了任正非一生坚持的信念，这种信念也被称作"打胜仗"。

"打胜仗"并不仅仅意味着在商业战争中取得胜利，更是一种在面对困难、挑战时的积极态度和决心。我们总会在生活中遇到困难，但只要心中有信仰，就能战胜一切。

家长需要教导孩子，将"打胜仗"作为一种信仰，这样孩子即使在困境中也能绝处逢生。让我们来看看以下三大制胜法则，一同揭秘任正非的成功之谜。

◆ **制胜法则一**：信仰之力，把"打胜仗"作为信念

无论是创办华为之初，面对各种资源匮乏的情况和

技术难题，还是华为成长之后，面对强大竞争对手的围堵，任正非始终将"打胜仗"作为自己的信仰，而因此克服了所有的困难。这种信仰赋予他无尽的动力和毅力，让他在困境中始终保持坚定的方向和步伐，走出了属于华为的灿烂之路。

成长就是"打胜仗"

在华为刚刚起步的时候就遇到了非常多的困难，而这一切的困难，任正非都凭借坚定的决心克服了。

> 1996年，华为接到了一个在南斯拉夫的大项目，当时为了展示华为的诚意，任正非带领公司十余人去了项目方所在地。为了节约成本，任正非订了一间总统套房，和大家一起在地上打地铺休息。在跟项目方谈判的过程中，大家集思广益，最终才将项目彻底拿下。

在华为的企业发展中，这种"打胜仗"的信仰已经转化为一种企业文化，激励着全体华为人不懈努力，攻克技术难关，开拓国际市场，不断在激烈的市场竞争中取得优势地位。

激发内在力量，在困境中保持坚定

任正非从小就接受着艰苦环境的磨砺，他的自律与坚韧赋予了他一种内在的驱动力。

任正非的父亲任木生是当年任店村唯一一位大学生，他吃苦耐劳、教书育人。尽管物质条件极其匮乏,但任木生一直秉持着知识改变命运的理念,将勤俭、坚韧和对学问的尊重深深地烙印在任正非的心中。母亲程远昭同样以她的勤劳和坚忍不拔影响着任正非,她面对着生活的艰难险阻,从不抱怨,始终以积极乐观的态度应对。父母亲的精神力量无疑激发了任正非的内在力量,让他有勇气在困境中保持坚定前行的信心。

任木生将任正非培育成了一个拥有信仰、内心坚定的人,任正非通过言传身教,再将这种信仰传递给了他的孩子。

我们在生活中总会遇到困难,但只要心中有信仰,就能战胜一切。这种信仰的力量是巨大的,它能够让孩子明白,成功不是终点,失败也不是终结,最重要的是持续不断地努力和坚持。在孩子成长的过程中,这种信仰将成为他们最强大的支撑。

◆ 制胜法则二:做逆境中的胜者

面对来自其他国家的打压,华为犹如身处战场。在这个过程中,任正非亲身示范了如何在重重压力下突围而出,带领华为在困境中杀出一条血路。

逆境中胜者所需品质:敢于冒险、灵活应变

2020年6月19日,任正非在向全公司发布的文件《星光不问赶路人》中,曾经这样表示:"宁可向前一步死,决不后退半步生。"

面对美国方面的制裁,任正非从未退缩,他一方面深入一线,鼓舞员工士气，确保团队在逆境中仍能保持高昂的斗志；另一方面，他通过战略布局和技术创新，带领华为找到了生机。这种敢于冒险、灵活应变的能力，不仅是华为得以在全球通信领域立足的关键，也是任正非在家庭教育中期望子女能够习得的生存技能和处世智慧。

家长要让孩子知道，困境并不可怕，可怕的是挑战者失去了勇气，萎靡不振，从而不敢去探索和尝试未知的可能。在孩子遇到困难时，父母作为孩子的靠山，应告诉他们在逆境中仍要勇往直前、敢于担当，方能在风雨飘摇中稳住阵脚，从而把握机会，打破僵局。

保持积极心态与行动力

任正非将外界的压力视为鞭策华为前行的动力，并且倡导员工积极地向优秀的企业学习。他鼓励员工在逆境中保持乐观态度，积极寻找问题的解决方案，而不要一直沉浸在负面情绪中，他一直是公司的"定海神针"。

任正非知道，每一个困境都是一次成长的机会，每一个挑战都是推动华为进步的动力。基于此，任正非身体力行，积极推动华为从依赖外部进口设备和零件到自主创新的战略转型，一手打造了一支不怕困苦、敢于攀登科技高峰的队伍。

困境并不可怕，于乐观的人而言，他们常常视其为动力。在孩子的成长的过程中，家长也要教育孩子，保持积极的心态和高效的行动力是克服困境、实现目标的重要因素。积极的心态能够帮助孩子们更好地应对问题，而高效的行动力则是将想法付诸实践的关键。

◆ 制胜法则三：自我与超越，走出舒适区的勇气

除了坚守信仰与拥有面对困境的勇气外，超越自我亦是走向成功的不二法门。任正非带领华为全体人员，做出华为独有的核心技术，使得华为在激烈的竞争中立于不败之地。

培养超越自我的意识：鼓励孩子独立思考、勇于尝试、不断学习

2019年2月18日，BBC播出了对任正非的专访。面对记者的问题时，任正非这样说道，他不能完全从父亲的角度决定儿女发展的轨迹。每一个孩子都有个性，他要看到他们自由、坚强地飞翔，找到属于自己的路。

任正非知道，要培养孩子超越自我的意识，就要鼓励他们独立思考、勇于尝试、不断学习。他相信，只有让孩子在成长过程中不断挑战自我、突破自我，才能让他们在未来的人生道路上更加自信和更加坚定地迈向成功。

正是基于此，他支持姚安娜在演艺圈发展，还陪伴女儿参加巴黎名媛舞会，成为女儿最强大的后盾。他尊重孩子们的选择，也愿意做手执风筝线的父亲，永远是孩子们最强大的依靠。

将"打胜仗"精神融入生活，助力孩子在未来走出困境、把握机遇

在任正非小的时候，生活满是磨难，父亲、母亲都是清贫的老师，家中有好几个孩子，在那个年代，每天吃饱是件非常难的事情。吃不饱也穿不暖，如何才能改变命运？唯有读书。任正非拼命念书，将考取佳绩视为一场自己的"战争"，而他必须获得胜利，因为他没有退路可言，他的身后是父母殷切的期望与自己想要胜利的决心。

成家后，任正非迎来了自己的第一个孩子孟晚舟，这时他的事业刚刚起步，工作非常忙，总是在全国各地出差，后来，他又去当兵了，更加没有时间陪伴孟晚舟了。但是只要他一有空，他就会将孟晚舟抱在怀里，亲昵地向她讲述如黄继光、刘胡兰等英雄的事迹，以此培养孟晚舟独立、坚韧、勇于拼搏的性格。

长大以后，孟晚舟到华为工作，任正非用自己的一言一行潜移默化地影响着她。孟晚舟看到了父亲在工作中面对困难时不屈不挠、追求卓越的精神，也看到了华为员工们团结一心、努力拼搏的凝聚力。这些经历让孟晚舟更加明白，"打胜仗"不仅是一种信念，更是一种生活方式。

每个孩子的成长都如同一场马拉松，重要的不是起点，短暂的领先也不那么重要，重要的是要有持久的耐力和不断冲刺的决心。在生活中，孩子不可避免地会遇到各种困境与挑战，必须要有敢打必胜的决心和勇气。

作为家长,我们要鼓励孩子们大胆尝试,把"打胜仗"作为一种信仰,让孩子在困境中也能杀出一条"血路"。而即使暂时失败了,我们也要教育孩子们将每一次挫败看作是通向成功的垫脚石,然后再通过反思和学习,不断提升自我,最终超越自我。

1.5 规划要适度,领袖是自然成长起来的

领袖应该是什么模样?是严肃的、谨慎的,还是爽朗的、大气的?其实,领袖可以是任何模样。领袖是那个能够引领方向并在艰难时刻给予大家支持和鼓励的关键角色,无人是天生的领袖,领袖都是逐渐成长起来的。

◆ 领袖成长法则一:制订计划,明确目标

学会制订计划和明确目标是领袖成长的重要一环。作为一位成功的企业家,任正非始终坚持制订清晰的目标和计划。在他的领导下,华为从初创时期就坚持"以客户为中心,以奋斗者为本"的核心价值观,并制定了清晰的战略发展规划。

在华为面临国内外激烈的竞争环境时，任正非并不急于求成，而是审时度势，确立了自主研发通信技术的目标，逐步构建起华为以自主知识产权为核心的竞争力。

在成功研发5G技术后，华为受到了美国的制裁。在此情境下，任正非并没有气馁，而是及时调整华为的战略，坚决反抗美国的制裁与打压。

华为制定的目标不仅有战略层面上的宏大愿景，也有日常运营中每个环节的具体指标。任正非强调规划的重要性，只有将长远的战略目标细化为短期、中期和长期的阶段性目标，并配套详细的行动计划，才能确保整个组织沿着正确的道路前进，克服挑战，不断突破自我。

在日常管理中，任正非推行"狼性文化"，倡导员工积极进取，勇攀高峰。对于每项任务都有明确的完成期限和预期成果，以此来强化组织的执行力和效率。任正非还鼓励内部创新和持续改进，通过PDCA循环（计划—执行—检查—处理）等管理工具，不断检验和优化计划，以确保目标的达成。

家庭教育中，家长作为家庭的领导者，需要培养孩子制订计划和目标的能力。家长可以协助孩子制定学业和兴趣爱好结合的多元化发展目标，并将这些目标分解为短期、中期和长期的不同阶段，辅以详细的行动计划，让孩子明白每一个小目标都是通往大目标的阶梯。除此之外，家长还可以鼓励孩子参加各类实践、实习活动，以切实的经验探索目标。

◆ 领袖成长法则二：给予孩子充分的鼓励与肯定

在华为的企业文化中，任正非推崇各种肯定与激励员工的办法。他提倡"以奋斗者为本"，重视员工的个人价值和付出，通过奖励机制、培训体系和晋升通道等多种途径，给予员工充分的认可与发展空间。

在孩子个人的发展上，任正非支持三个孩子的选择，他鼓励孩子们追求自己热爱的事业和人生方向，从不给他们的人生设限。孟晚舟在华为从基层做起，历经多个岗位的锻炼，她的成长历程便是任正非鼓励孩子独立、自主、奋斗的鲜活例证。

任正非相信赞扬和鼓励的力量，他不只关注孩子取得的成绩，更看重他们的努力过程和要求进步的态度。

其实，无论是孩子的成长，还是企业的壮大，都需要一个充满正能量的环境，让每个个体都能感受到自身价值被认可，从而有信心和勇气去追寻更高的目标，迎接更大的挑战。

◆ 领袖成长法则三：营造和谐的家庭氛围

和谐的家庭氛围对于领袖的成长至关重要。任正非十分注重温馨家庭氛围的营造，他的家人们相处融洽，彼此尊重和支持。

在家中，任正非是慈爱又严格的父亲，对子女的教育秉承着既严格要求，又尊重孩子个性的原则，用行动诠释着父爱如山的责任与担当。即使忙于工作，但只要一有空闲时间，任正非就会关心孩子们，他记得小女儿姚安娜是如何勤奋练习芭蕾舞蹈，他也记得大女儿孟晚舟小时候听故事时的灵动表情。

孩子们也没有辜负父亲的爱与关心，长大后，孩子们互帮互助，用行动支持着自己的兄弟姐妹。在姚安娜出演的短片《海边升起一座悬崖》上映时，孟晚舟在朋友圈中发文力挺妹妹，言语中满是赞赏。

在华为，任正非是运筹帷幄的舵手，凭借敏锐的战略眼光和以人为本的管理理念，引领华为突破重重困难，为员工们搭建起一个实现自我价值和梦想的舞台，使得华为成为一个能吸引全球顶尖人才的公司。

良好的家庭氛围是领袖成长的重要因素之一。一个健康、积极、充满爱的家庭环境，能够培养出自信、乐观、坚韧的领袖。在和谐家庭氛围的影响下，孩子们从小就能学会理解和接纳不同的观点，懂得适当的妥协与合作，在面对复杂问题时可以展现出更为成熟和理性的解决方式，这些都增强了他们的领导力。同时，孩子们也会把这种家庭氛围中吸收到的正能量带到工作中，影响和激励团队成员，共同创造更加美好的未来。

对孩子的规划要适度，领袖是逐渐成长起来的，而领导经验是需要在实际工作和生活经验中逐步积累和磨砺出来的。在生活中，家长们应该根据实际情况和需要进行适度规划，给孩子们提供足够的实践机会和挑战，支持他们的成长和发展。

第二章
Chapter 2

【爱凌模式】养"女"有道

学会谷爱凌妈妈的教育模式,把教育资金都花在刀刃上。

2.1 不要女儿做"完人"
——优秀的家庭教育方式

赛场上,运动员们正在进行激烈的比赛,小女孩望着赛场上动作利落的运动员,对妈妈说道:"妈妈,为什么他们可以旋转900度,而我只能旋转720度呢?我应该也能做到旋转900度。"

妈妈没有鼓励她,也没有反驳她,只是问小女孩:"别人要是做三周翻,你就去做三周翻吗?人家要是从悬崖跳下去,你也跟着他们去跳吗?"

听完妈妈的话后,小女孩若有所思地摇了摇头。自此以后,小女孩明白了,没有必要要求自己和别人一样,适合自己的才是最好的。

秉持着这个信念,小女孩在赛场上一路披荆斩棘,斩获了2022年北京冬奥会金牌两枚,在其他比赛赢得了金、银、铜奖牌近百枚。

她就是名副其实的"冰雪"公主——谷爱凌。她的家人都是高级知识分子，在浓厚的学习氛围下成长，谷爱凌接受了最好的教育。

究竟是什么样的培养方式，让这位 2003 年出生的女孩在这么小的年纪就取得了如此成就呢？就让我们一起来看看以下四大黄金法则，带你揭秘天才少女的培养之谜。

◆ 黄金法则一：不要女儿做"完人"——允许失败，鼓励尝试

谷爱凌的母亲谷燕是北京大学速滑队队员，谷燕将自己对冰雪的热爱毫无保留地传给了谷爱凌。谷爱凌在很小的时候就开始陪伴母亲滑雪，在美国旧金山，常常会出现谷爱凌滑雪的身影。

谷燕认为没有所谓的"完人"。在纪录片《谷爱凌：我，18》中，我们可以看到作为母亲的谷燕常常会给女儿灌输"人生并非一帆风顺，失败和挫折是常态"的观念。

在 2018 年到 2019 年的赛季，年仅 15 岁的谷爱凌在参加国际雪联自由式滑雪世界杯中国站的比赛的前一天，在训练中受伤了，她在继续参赛与休息中踌躇不定。虽然她希望能够继续参加这次比赛，但在母亲与队医的劝说之下，谷爱凌选择了休息。

后来，谷爱凌参加了国际雪联世界杯丰霍默站的比赛，发挥稳定，赢得了自由式滑雪坡面障碍赛银牌，离世界冠军的距离又近了

一步。

对于谷爱凌而言,赢得比赛一直都很重要。正所谓台上一分钟,台下十年功,在通往世界冠军的道路上,她遇到了一次又一次的挑战。

而在面对挑战和失败时,谷燕总会鼓励女儿积极面对、勇敢尝试。谷燕知道,只有通过不断尝试来积累经验,才能最终实现自己的目标。挫折并不可怕,被挫折打败,才是真正的可怕。

在这种教育理念的浇灌下,谷爱凌最终具备了坚韧不拔的精神和积极向上的人生态度,成为冰雪赛场上名副其实的"女王"。

◆ 黄金法则二:独立与自信,是孩子最好的装备

15岁的时候,跟随自己的内心与妈妈的建议,谷爱凌选择加入中国国籍。谷爱凌从小到大受到的是中国与美国的双重教育。寒暑假时,谷爱凌会随妈妈回到北京;开学后,谷爱凌又回到美国,继续做全日制的美国学生。

在两国交融的文化与教育培养下,谷爱凌成长为一名勤奋好学而又独立自信的少女。她有各种各样的"装备"应对人生路上出现的一切挑战。

"我参加比赛不是为了打败其他选手,我是要做到自己最好。"

2022年的北京冬奥会上,自由式滑雪比赛进行得如火如荼,此时在前两场的比赛中,对手的得分虽然领先,但谷爱凌的得分一直

很稳定。

第二场比赛结束以后,谷燕告诉谷爱凌,如果她能继续稳定发挥,就已经很棒了。而谷爱凌拒绝了妈妈的建议,她不愿意一直保持稳定,她想在这里打破自己的纪录,向大家展示不一样的滑雪技巧。

谷爱凌回到赛场上继续准备,她选择了偏轴转体两周1620度的旋转。这是一个新动作,她并不确定自己能成功。

可喜可贺的是,谷爱凌成功了!她挑战了自己,正如她所说的:"我参加比赛不是为了打败其他选手,我是要做到自己最好。"

这分自信让谷爱凌在滑雪道路上越走越远。从谷爱凌决定练习滑雪、参加比赛,再到选择成为职业的自由滑雪运动员,每一步都彰显了她非凡的毅力与勇气。

"我的梦想是考上斯坦福大学。"

小时候的谷爱凌有两个梦想:一个是成为自由滑雪运动员,一个是考上斯坦福大学。上小学的时候,谷爱凌已经开始了严格的滑雪训练。如何平衡训练与学习,成了谷爱凌必须解决的难题。

为了实现自己的梦想,谷爱凌付出了巨大的努力,才让自己在学习滑雪的过程中没有落下学业。谷爱凌学会了如何在车上学习、洗漱、化妆,也学会了如何利用碎片化的时间学习。她更加明白,效率与专注是实现梦想的基本条件。

在一次采访中,谷爱凌曾经这样说道:"我在滑雪的日子里特别专心去滑,上课的时候就不想滑雪的事情,非常专心,这样效率会比较高。"

妈妈也为谷爱凌的专注与高效率而赞叹,她曾经说过,"在谷爱凌很小的时候,她好像就把很多问题想得特别明白。做一件事情,她很早就给自己定下计划,今天做两个小时,明天做两个小时,而且她一定能按照计划完成。做完后,她就没有任何心理负担地去玩。有些大人都做不到这一点。

在这样高效率与专注的学习态度下,再伴以日复一日的努力和坚持,谷爱凌成功申请了斯坦福大学,继续以全日制大学生的身份进行着自己的学业。

面对挫折和困难,谷爱凌从不退缩,而是勇敢地面对并克服。这种独立和自信,使得她一路披荆斩棘,成长得耀眼而迷人。

◆ 黄金法则三:家庭教育的重点——引导而非强制

谷爱凌的成功,离不开她母亲谷燕独特的教育理念。

谷燕认为,对孩子最好的教育方式应该是引导而非强迫。她始终与女儿以平等的身份进行对话和交流,尊重她的想法和决定。

为了更好地为北京冬奥会做准备,谷爱凌决定提前一年从高中毕业。在与谷燕进行了深入的交流后,谷燕同意了谷爱凌的决定。谷燕鼓励女儿勇敢地追求自己的梦想,发掘自己的潜力,而不是强迫她走上一条母亲计划的道路。

为了谷爱凌能够兼顾滑雪训练与学业，谷燕坚持每周开车8个小时在学校和训练场之间接送谷爱凌。每当谷爱凌遇到人生的岔路口时，谷燕永远都会抽丝剥茧地帮女儿分析利弊，引导女儿寻找正确的方向。在其他事情上，她也总是用尽全力支持女儿，鼓励她遵循自己内心的选择。

由此可见，对孩子的教育要引导而不要强迫。引导才能帮助孩子做出正确的选择；强迫孩子做决定，要么可能会适得其反，要么可能会让孩子如同被剪去双翼的小鸟，生活得拘束而痛苦。

◆ 黄金法则四：来自家长的启示——言传身教的力量

谷燕从北京大学毕业后，去美国攻读MBA，是个名副其实的高材生，也是华尔街赫赫有名的"风投女王"。在陪伴女儿成长的过程中，谷燕也没有放弃自我提升与工作。

谷燕热爱滑雪、热爱工作，也爱着谷爱凌，无论是在学业上还是在生活中，谷燕都给谷爱凌树立了良好的榜样。

培养一个优秀的孩子需要的不仅仅是物质上的支持，更重要的是卓越品质和价值观的建立，还有眼界的开阔。在陪伴谷爱凌成长的岁月里，谷燕会带着谷爱凌参加各种聚会和活动，与人交流，拓宽谷爱凌的视野。

谷燕注重培养女儿的独立思考能力、自信心和责任感。她鼓励女儿勇敢地追求自己的梦想，同时也教导她要有担当和奉献精神。

在妈妈的影响下，谷爱凌在很小的时候就知道自己想要的未来是什么模样，她一直为自己的目标而努力奋斗。

在发现谷爱凌对自由滑雪的热爱与天赋后，谷燕还带着她拜访了许多自己的滑雪好友，那些好友都给予了谷爱凌最合适的建议与滑雪培养方案，这些也助力了谷爱凌的成功。

谷爱凌的成功不可复制，但是我们可以借鉴她受教育的经验。每一个优秀的孩子身后都离不开言传身教的家长，希望我们都可以成为这样养"女"有道、养"子"有道的家长，为孩子的成长添砖加瓦。

2.2 "谷母三迁",眼界和认知才是给孩子的最好的礼物

古有孟母三迁,今有"谷母三迁"。为了让谷爱凌得到更加优质的教育,谷燕斥巨资在旧金山精英社区买了房。

16岁时,谷爱凌以1580的高分进入斯坦福大学,要知道,"美国高考"Scholastic Assessment Test(SAT,学术能力评估测试)的总分是1600分。经此考试,谷爱凌再次证明了自己是名副其实的"别人家的孩子",谷燕的教育方式也让众多家长竞相学习。

这一次考试是谷爱凌成长过程中的又一次成功。她不仅在学习上优于一众同龄人,在体育运动上极有天赋。她3岁踏上滑板,8岁进入滑雪队,10岁就横扫了全美滑雪类13岁以下年龄组各个大赛的冠军,15岁登上滑雪类

国际积分赛榜首,并选择加入中国国籍,征战北京冬奥会。

这些成功得益于谷爱凌自身的努力,也得益于母亲谷燕的辛勤栽培。身为北大高材生、华尔街著名的"风投女王",谷燕带给谷爱凌的眼界与认知,显而易见是非常珍贵的。

要想培育优秀的孩子,眼界与认知缺一不可。它们犹如北斗星指引孩子在人生的旅程中坚定前行,塑造出孩子丰富而深邃的精神世界,是父母所能够给予的最珍贵的礼物。

◆ 成长礼物一:眼界是孩子腾飞的基础

每个优秀的孩子背后往往有着更加优秀的父母,他们是孩子成长过程中最重要的导师和榜样,谷燕就是这样的母亲。

谷爱凌是跟着妈妈长大的,谷燕攻读完MBA课程以后,便留在美国工作。在空闲的时间,谷燕会去附近的滑雪场做兼职教练。这份兼职让她不仅可以满足自己的滑雪爱好,还可以获得一笔收入。

受到妈妈的影响,谷爱凌常常与妈妈一起穿梭于滑雪场的各个角落,她看到了滑雪时人们愉悦的模样,也知道学习每个动作需要付出的努力。

其实,优秀的父母不仅要高瞻远瞩,更要在生活中以身作则。他们的支持和引导能让孩子在人生的旅途中不断前进,成长为更优秀的人。

◆ 成长礼物二：认知是制胜的法宝

孩子成长需要提升的不仅仅是眼界，还有认知。在如今日益复杂和快速变化的环境中生活，孩子如果拥有较全面的认知能力，就如同手持一盏明灯，照亮了他们前行的道路，让他们在挑战和机遇中找到最佳的应对策略。谷燕就很好地帮助谷爱凌建立了足够的认知能力。

不能做一名只会滑雪的运动员

谷爱凌在滑雪上拥有毋庸置疑的天赋，是一名不可多得的天才。小小年纪，她斩获的奖牌数量就可以将家里的一面墙全部挂满，甚至还需要桌子才能摆下。

有些人也许会觉得谷爱凌已经这么优秀了，在滑雪上拥有如此卓越的成就，为何谷燕不让她放下学业，专心钻研滑雪呢？谷燕并不希望孩子这样。她常常告诉谷爱凌，要让别人尊敬你，就要做一名既会滑雪，又有独立思考能力、有内涵的人。

就这样，皇天不负有心人，几年后，谷爱凌在2022年北京冬奥会上摘得两枚金牌。一时间风光无限，她以"青蛙公主"的称号闻名世界。

人的认知不仅会影响每个人的行动和决策，还会深刻地影响每个人的人生观和价值观。父母作为孩子的第一任老师，也是孩子最好的榜样，父母的认知势必会影响孩子。如果孩子有了足够的认知能力，那么他就会在成长的道路上更加坚定和自信。

◆ 成长礼物三：提前做好教育规划

由于谷燕的高瞻远瞩，谷爱凌不仅在滑雪赛场上表现出色，在学业上也同样取得了极好的成绩。

在得知谷爱凌决心要考斯坦福大学之后，谷燕没有过多地评价这个决定，她只是尽力帮助谷爱凌做出最合适的规划。

为了更好地提高谷爱凌的成绩，她带谷爱凌回国参加培训。谷燕带着谷爱凌回到北京，到黄庄参加补习班，当时那里是著名的教育培训区。

据说，在中国几个月内学习到的知识，可以抵得上在美国一年所学习的知识。对于谷爱凌而言，这既节约了时间，也带来了更好的学习效果。

也正是如此，常常有人赞美谷爱凌，说她是中西方教育结合的最佳范例。

谷爱凌能够取得今天的成就离不开母亲谷燕的教育规划。当孩子按照规划逐步实现自己的目标时，他们会感受到自己的进步和成就，从而增强自信心，想必这就是谷爱凌如此自信的原因之一。

在孩子成长的过程之中，教育规划的重要性不容忽视，它就如同航海图一般，指引着孩子在知识的海洋中航行，帮助孩子成长。父母应该重视教育规划的作用，根据孩子的实际情况和需求，为他们制订科学合理的教育计划，从而引导他们走上通向成功的人生道路。

其实,父母能给予孩子的最宝贵的馈赠便是这种远见卓识。它赋能孩子理解世界的多元性,鼓励他们勇于追求自我、突破限制,最大限度地挖掘出自身的潜力。

2.3 父母情绪稳定,不花钱也能养出强大的人格内核

"到底是什么造就了孩子的强大内心和自信?金钱、物质,还是资源?"当人们探讨谷爱凌成功背后的因素时,往往会关注她的外部条件。他们认为谷爱凌可以享受优质的教育,原因之一就是她的母亲是高材生,拥有许多普通人够不着的资源。

然而,在本节中,我们对这个问题将提供一个不一样的答案:父母情绪的稳定性。在生活中,你是否思考过,为什么有些孩子在困境中仍然能保持冷静,对自己的目标坚定不移,而有些孩子却容易被挫折打败,在困境中焦虑不安?

或许,这个答案就隐藏在父母日常的表达和家庭氛围之中。那么,父母的情绪是如何影响孩子的成长过程

和人格形成的呢？让我们一起走进谷爱凌的故事，看看以下四大黄金法则，一同探索这看似简单却深藏智慧的育儿之道。

◆ 黄金法则一：情绪稳定，奠定孩子安全感的基础

从小到大，谷爱凌都是一个情绪稳定的孩子，遇事不慌乱，做事有条理，这得益于谷燕的教诲。在谷爱凌成长的过程中，母亲带来的安全感一直伴随着她。

> 在纪录片《华裔天才美少女的滑雪之路》中，我们可以看到，在光鲜亮丽的滑雪天才背后，这位少女付出了多少的汗水与努力。
>
> 在参加一次比赛前，谷爱凌突然感冒了，高烧不退，喉咙肿痛，整个人痛苦不堪。这时，妈妈就是她最大的依靠，她难过地在妈妈的怀中痛哭。
>
> 妈妈镇定地抱着谷爱凌，用温柔的声音安慰她，让她放松下来，先休息休息。在妈妈的安抚之下，谷爱凌逐渐平静下来，好好休息了一晚。
>
> 第二天，她带病参加了比赛，超常发挥，击败了一众对手，获得了她第一个职业公开赛冠军。

在这个故事中，我们看到的是谷爱凌的超常发挥，但她的超常

发挥源自母亲谷燕一直给予她的安全感。这次，谷燕用稳定的情绪安抚了崩溃的谷爱凌，让她得以在比赛中稳定地发挥自己所长。

在孩子的成长过程中，如果陪伴他们成长的家庭成员情绪很稳定，让他们可以一直生活在比较轻松的家庭氛围里，他们就会感到被接纳、被理解和被爱，从而建立起对外界的基本信任感。这种信任感是形成孩子健康人格的重要基石，它让孩子在面对挑战和困难时，能够过五关斩六将，走出坦坦荡荡、自信昂扬的人生。

◆ 黄金法则二：鼓励与支持，培养孩子的自信心

世界广袤无垠，尝试大于结果

众所周知，谷爱凌是一名天才滑雪运动员，但鲜为人知的是，她在很多其他领域均有不俗的表现，她喜欢各种运动，比如越野、跑步、骑马、攀岩、篮球等。

为什么谷爱凌能这么优秀？为什么她能学会这么多技能？

其实，这些都离不开谷燕的鼓励。谷燕在谷爱凌很小的时候就告诉她，要她多尝试新的事物。不要认为尝试新事物是浪费时间，如果通过这些尝试，她找到了她喜欢的事物，那么时间就没有白费。

在母亲的鼓励之下，谷爱凌尝试了各种各样的新鲜事物，见到了世界的很多面，最终找到了自己最喜欢的事情——滑雪，然后将其作为自己人生的发展方向之一。

只要你自己喜欢，上什么学校都可以

在谷爱凌看来，谷燕是世界上最好的妈妈。她教育自己的方式，就是给予自己充分的鼓励和支持。

谷燕强调父母要尊重孩子的兴趣和选择。只要孩子对某件事情有浓厚的兴趣，就会有自驱力，他们就会主动地去学习。

在谷爱凌铆足了劲儿想考上斯坦福大学时，谷燕只是郑重地告诉她，不管上什么学校，只要是她自己喜欢的就行，但是更重要的是一辈子都不放弃学习。

在确认了谷爱凌的确想将斯坦福大学作为人生的目标之一时，谷燕就竭尽所能地帮助谷爱凌做好后勤工作，不给谷爱凌拖后腿。

正是谷燕这种鼓励式的教育方式，才培养了谷爱凌足够的自信心和愿意挑战自己的性格。最终，谷爱凌不仅成功考上了斯坦福大学，还在自由滑雪领域获得了巨大的成就，同时在其他领域也展现了自己过人的才华和实力，并且走入大众的视野，成为更多人的榜样。

◆ **黄金法则三**：正确的情绪教育，让孩子学会自我管理

在自由滑雪领域，谷爱凌有很多个"第一"：她是获得2022年北京冬奥会自由式滑雪女子大跳台决赛金牌的人，也是获得了这届冬奥会自由式滑雪女子U型场地技巧决赛金牌的人。在这些"第一"的背后，她历尽艰辛，付出了大量的时间和心血。

在刚刚开始学习滑雪的时候，谷爱凌是他们滑雪队里的第一个女孩子。在最开始训练的时候，没有人愿意与谷爱凌一起训练。每次训练完，谷爱凌都觉得委屈，会向妈妈抱怨。但是妈妈告诉她，"不要因为自己是女孩子就觉得自己不如别人，她只需要享受滑雪的乐趣，追求自己的梦想。

在妈妈正确的引导下，谷爱凌开始理解不好的情绪是每个人都会有的，关键是如何处理这些不好的情绪。而妈妈教会了谷爱凌处理这些不好的情绪的方法。

随着时间的推移，谷爱凌在滑雪场上的表现越来越出色，她开始受到其他人的关注和尊重，越来越多的人愿意与她一起玩。

情绪教育是非常重要的，它可以帮助孩子更好地处理自己的负面情绪，更好地应对生活中的挑战和困难。良好的情绪教育可以帮助孩子们在生活中不断地实践和探索新领域，不断地挑战自我。

◆ 黄金法则四：人格内核的塑造，长期效应与影响

谷爱凌是由母亲与姥姥、姥爷一同抚养长大的。

在她成长的日子里，除了母亲日复一日地陪伴，也少不了姥姥、姥爷的陪伴。姥姥冯国珍是退休干部，从小就带着谷爱凌认识中国文化，教她说中文，给她讲述中国风情。在谷爱凌参加学校比赛时，姥姥冯国珍常常去看她，还会在一旁为她呐喊鼓劲。每当说起这些故事的时候，谷爱凌总是会自豪地一笑，因为姥姥一直以她

为荣。

家庭情感关系一直是孩子成长过程中的重要议题。温馨、和谐的家庭氛围能够让孩子更加自信、开朗地与人交往。谷爱凌的家庭环境为她提供了一个充满爱的成长空间,让她从小就学会了如何正确表达自己的情感、如何理解他人的情感需求。

较高的情商不仅让她在社交中更加自如、自信,也让她可以淡然地面对出现在生命中的各类挑战。

情绪是孩子内心世界的反映,良好的情绪管理能力能够帮助他们更好地应对生活中的挑战和压力。情绪教育是家庭教育中不可或缺的一部分,它不仅能够培养孩子的情商,还有助于孩子塑造健康的人格。作为父母,我们要通过有效的途径帮助孩子建立健康的情绪认知和应对机制,为他们的幸福人生奠定坚实的基础。

2.4 做不到这一点,谁也培养不出第二个"谷爱凌"

你想让自己的孩子成为什么样的人?

当看到这个问题的时候,想必各位心中已经有答案了。作为父母,我们都希望自己的孩子能够与众不同,能够出类拔萃,然而,做到这一点并不容易。要成为优秀的人,努力、实力、机遇缺一不可。

就像谷爱凌一样,她在合适的时间和地点遇到了合适的教练和机会,才得以在自由滑雪领域发光、发热。如果没有这些机遇,她的才华可能会被埋没,无法得到充分的发挥。

究竟是什么样的教育方式,使得谷爱凌成了世界闻名的天才滑雪少女呢?让我们一起来看看以下四大黄金法则。

◆ 黄金法则一：自由式教育，激发孩子的潜能

谷爱凌小时候的生活就像一幅丰富多彩的画卷，她可以随意选择自己喜欢的领域，然后深入地学习。谷燕知道，自由式教育是激发孩子潜能的关键，每个孩子都是一颗独特的种子，需要适宜的环境和方式去培养，才能成长，最终绽放出属于自己的花朵。

从小在应试教育环境下长大的谷燕，不想谷爱凌在读书期间只以分数为重。在她小的时候，如果考试没有拿到100分，她就会自我怀疑。

谷燕很清楚地记得，在谷爱凌第一次入学时，老师告诉了她两句话：第一句是千万不要纠正孩子的错别字，不要打击孩子的创造力；第二句是少表扬他们的聪明，多表扬他们的努力。

在谷爱凌初次接触滑雪时，谷燕采取了"放养"式教育，鼓励谷爱凌自己到处探索。谷燕提供了必要的支持和资源，让谷爱凌可以亲身体验这项运动的乐趣。当谷爱凌展现出对滑雪的热爱和天赋时，谷燕才开始更加积极地引导和支持她在这一领域的发展。

自由式教育不是在孩子的身上强加父母的期望和标准，它的核心在于尊重孩子的个性和选择。谷燕始终以开放和接纳的态度对待谷爱凌的选择和决定，无论是学习、运动还是社交活动，谷燕都鼓励谷爱凌自主决策，从而培养了她的独立思考能力。

如果一个家庭不能提供一个充满自由与支持的教育环境，那么

即使这个家庭的孩子拥有与谷爱凌同样的天赋和资源,也很难成为第二个她。对于每一位关心孩子成长的家长和教育工作者而言,理解和实践自由式教育的理念无疑是帮助孩子走向成功的重要一步。

◆ 黄金法则二:目标设定与毅力培养

其实,在培养孩子的过程中,除了自由式教育,目标的设定与毅力的培养同样至关重要。在培养谷爱凌的过程中谷燕就很好地做到了这两点。

"你什么都可以做到"

天才的成长之路并非一帆风顺,他们成功的背后充满了努力的汗水。

在谷爱凌来到滑雪场作为运动员开始训练的时候,她是队伍里面年纪最小的一个孩子,其他人都比她有经验。

看着那些困难的训练动作,谷爱凌虽然有些害怕,但是她很坚定。她知道,自己喜欢滑雪,她来这里是希望通过专业的训练更深入地学习滑雪的技巧。

一次训练完后,谷爱凌回到家中,兴冲冲地告诉妈妈:"妈妈,将来我想参加奥运会!"

闻言,妈妈摸了摸谷爱凌的头,告诉她:"挺好的,加油,妈妈相信,你什么都可以做到。"

在后来的滑雪训练中，谷爱凌遇到了无数的挑战和困难。有时候，她会在同一个高难度的动作上反复摔倒；有时候，她会因为疲劳和压力而感到沮丧。但每当她感到丧气的时候，她都会想起妈妈的话："你什么都可以做到。"

于是，谷爱凌咬紧牙关，一次又一次地站起来，继续尝试和挑战。她知道，只有通过不懈努力和不断坚持，才能实现自己的目标。

人无完人，在一个人的成长过程中，总会有失误，但这句"你什么都可以做到"就像是有魔法一样，赋予谷爱凌勇气与坚毅，帮助她斩破荆棘，走向成功的康庄大道。

追逐更高的目标

谷燕给谷爱凌的是妥妥的"狼性教育"。她会帮助谷爱凌在不同的阶段设立不同的目标，并且向她灌输"你有多努力，生活就有多精彩"的观念，让谷爱凌以充沛、富足的精神面对更多、更高目标的挑战。

在一次采访中，谷爱凌说过，虽然她的妈妈对她的要求很高，但她不害怕失误。因为人们只会记得她的成功，不会记住她的失误。

在滑雪场上，谷爱凌有着无比坚定的决心和毅力，不断突破自我，刷新纪录。她的每一次腾空翻转、每一次精准落地，都是对"你有多努力，生活就有多精彩"的最佳证明。

谷燕的"狼性教育"或许严厉,但却培养出了谷爱凌坚韧不拔的精神和对生活的深深热爱。这也是在告诉我们,一旦设立目标,就尽管去做,通过不懈地努力和拼搏,我们就能够离成功更近一步。

◆ 黄金法则三:自我挑战与风险承受能力

"天空才是我的极限",这句话非常适合谷爱凌。

> 2022年的北京冬奥会中,谷爱凌的一跳震惊全场,获得自由式滑雪女子大跳台决赛的金牌,后来又陆续获得自由式滑雪女子U型场地技巧决赛的金牌和自由式滑雪女子坡面障碍技巧决赛的银牌。一时之间,如何培养出下一个"谷爱凌",成了人们的热议话题。

其实,在完成自由式滑雪女子大跳台决赛中这近乎完美的一跳之前,谷爱凌的成绩并不是最好的,当时,她暂排第三名。对于谷爱凌而言,参加冬奥会是她的梦想,而打破滑雪运动技巧的极限,则一直是她的追求。

正是为此,谷爱凌说服了妈妈,以坚定的意志完成了才练习几天的新动作——偏轴转体1620度,拿到了全场最高分。

对于奥运会选手而言,除了天赋、努力,比赛时的心态也是成功的重要影响因素。谷爱凌以极高的心理素质克服了自己的压力，最终取得了胜利。

在教育孩子的过程中，我们应当适当地让他们体验一些风险和挑战，让他们学会如何应对，从而培养出强大的风险承受能力。

◆ 黄金法则四：全球化视野与跨文化理解能力

谷燕对谷爱凌的教育不仅仅局限于知识与性格的培养，她也注重培养谷爱凌的全球化视野和跨文化理解能力。作为一位具有多元文化背景的母亲，谷燕深知在全球化时代，理解和尊重不同文化的重要性。

因此，谷爱凌从小就接触了多元的文化环境。她在中国和美国都长时间生活过，每年暑假她都会从美国回到中国，与小伙伴一起玩耍，还通过旅行和交流活动接触世界各地的不同文化和人群。这些丰富的经历使她在很小的时候就具备了开放的心态和全球化的视野。

谷燕教导谷爱凌，每一种文化都有其独特的价值和魅力，理解和接纳差异是构建和谐世界的基础。她鼓励谷爱凌参加各类不同文化的课程，以获得更加全面的教育资源。因此，谷爱凌在与来自不同文化背景的人交往时，总是抱着虚心好学的心态，表现得很有涵养。

在全球化的竞技舞台上，谷爱凌的跨文化理解能力也发挥了重要作用。她能够与来自世界各地的选手和教练进行有效的沟通和交流,她的包容和理解也使得她成了人们口中可爱活泼的"青蛙公主"。

拥有全球化视野和跨文化理解能力可以提升个人的竞争力,能够帮助孩子站上更大的舞台。而如果更多的孩子拥有这两种能力,就可以形成推动世界和平与发展的重要力量。

2.5 每一个"牛娃"的背后，都离不开全力托举的家庭

曾有人说过，"家庭教育是父母最重要的责任之一。"谷爱凌的成功，她的家庭无疑起到了至关重要的作用，让我们深刻地意识到每一个"牛娃"的背后都离不开全力托举的家庭。

◆ 家庭环境：给孩子足够的关心

在孩子成长的过程中，给予孩子足够的关心是非常重要的。这不仅包括物质上的满足，更重要的是精神上的滋养和情感上的关爱。只有当孩子沐浴在家庭的温暖氛围中时，才会有足够的勇气迎接生活中的挑战。

驱车8小时的温暖

其实，父母对孩子的关心可以体现在生活中的很多

细节上。

在决定将滑雪作为自己的人生追求目标之后，如何去滑雪训练场就成为谷爱凌面临的第一个困难。

滑雪训练场离她家很远，来回有8个小时的车程。如果她要坚持训练，要么放弃学业，要么在学校和滑雪训练场之间来回奔波。

谷燕为谷爱凌作出了选择，她选择每周驱车带着谷爱凌往返滑雪训练场与学校，8个小时的车程，风雨无阻。

周复一周、月复一月、年复一年，在谷燕的坚持下，谷爱凌一边训练、一边学习，成了优秀的滑雪运动员。在妈妈的陪伴下，谷爱凌逐渐学会了在车上洗漱、化妆、学习、休息等。

在社交软件上，谷爱凌自豪地告诉网友们，她是全职学生，不是兼职学生，她不会只抽出部分时间来学习。她享受自己的学习生活，也感谢妈妈的付出，妈妈是她坚强的后盾。

作为父母，要用心关心孩子，关注他们的成长和发展。通过积极的行动和温暖的支持，我们可以为孩子创造一个充满爱与关心的家庭环境，成为他们坚强的后盾。

尝试家人彼此喜欢的运动

在2022年北京冬奥会夺冠之后，谷爱凌受到了广泛的关注，她的家庭背景也逐渐被大众发掘出来，大家发现谷爱凌全家都不是泛泛之辈。

谷爱凌的姥爷谷振光曾是学校的足球队主力队员，是高级工程师；谷爱凌的姥姥冯国珍曾是交通大学的女子篮球队名将，也是高级工程师；谷爱凌的妈妈谷燕喜欢滑雪，是华尔街著名的"风投女王"。这一家子，不仅在学业、事业方面天赋出众，在运动方面也有着极高的天赋。

在得知谷爱凌喜欢滑雪以后，已经年迈的姥爷谷振光开始专门练习滑雪。他常常与谷爱凌聊天，告诉谷爱凌，他又学会了哪些滑雪技巧。

姥爷的行动也成了谷爱凌的动力源泉之一。看到年迈的姥爷仍保持着对生活的热爱和面对挑战的勇气，谷爱凌在面对困难和挫折时，也能够坚持不懈、勇往直前。

通过交流彼此喜欢的运动，谷振光与谷爱凌也建立了更加深厚的情感。这种互相陪伴、共同成长的经历让家庭氛围更加和谐、亲密。

◆ 家庭氛围：开放、多元与坚定、努力

在孩子成长的过程中，应该为孩子营造什么样的家庭氛围？想必这是困扰许多家长的难题。看看谷爱凌的家庭成员的相处模式，也许我们就能够找到答案。

坚定并且努力

在谷爱凌的家庭中，我们可以看到一脉相承的坚定与努力。

在北大的时候，谷燕师从沈同，主要学习生物学。后来，谷燕

想学习金融学，决定转专业，从头学起。她申请了斯坦福大学的MBA，并成功入学。

从斯坦福大学毕业后，有多家金融机构向谷燕发出了工作邀请。谷燕选择了最适合自己的那一份工作，并且在那家公司工作了很长时间。

受到妈妈的影响，谷爱凌也是这样。她喜欢滑雪，就一直在这个领域深入学习；她想要考上斯坦福大学，便合理地分配自己的时间，最终得偿所愿。

谷燕这种坚定的信念和为实现自己的目标坚持不懈的精神为谷爱凌树立了榜样，让她学会了不畏困难、勇往直前。

开放与多元

谷爱凌的家中一直保持着开放与多元的氛围。姥姥、姥爷尊重妈妈谷燕的想法，支持谷燕在美国深造，支持她换专业。而对于谷爱凌，妈妈、姥姥、姥爷都鼓励她尝试各种各样的活动和她感兴趣的事情，无论是学业方向、艺术创作还是体育运动，都给予了她充分的支持和自由。

这种开放和多元的环境得以让谷爱凌全面发展，培养出了广泛的兴趣和独特的个性，成为优秀的"全能少女"。

◆ 家庭教育：尊重与包容共存，携手进步

在谷爱凌的成长过程中，尊重与包容共存的家庭教育理念无疑

对她的人生轨迹产生了深远影响。

感谢陪伴

谷爱凌是在妈妈、姥姥、姥爷三人的陪伴与照顾下长大的，因此她的童年一点也不孤单。

3岁的时候，谷爱凌就随着妈妈一同去滑雪场；再大一些的时候，妈妈、姥姥和姥爷给她讲述中国文化，让她深刻理解并学习中国的传统文化。姥爷会专门学习滑雪，只为能够与谷爱凌有更多的共同话题。

在一次采访中，记者向谷爱凌提问，询问她夺冠后最希望做的事情是什么，她斩钉截铁地回答道："希望能够立马给姥姥一个拥抱！"

而对于妈妈谷燕而言，陪伴谷爱凌成长是一件十分快乐与荣幸的事情。她曾经这样告诉谷爱凌："你不用感谢妈妈，是妈妈要感谢你，感谢你这么优秀还愿意与妈妈一起滑雪，是你一直都在陪伴我。"

陪伴是最长情的告白，不管是妈妈，还是姥姥、姥爷，他们都深知陪伴是给孩子最好的礼物。他们花费大量时间陪伴谷爱凌，支持她的兴趣和梦想，始终在谷爱凌的身边给予关爱和鼓励。正是陪伴，让谷爱凌感受到了家庭的温暖和支持，从而勇敢地追求自己的梦想。

谷爱凌妈妈的教育模式不仅仅是资金上的投入，更重要的是关注孩子的个性化需求和全面发展。她注重培养孩子的自信心、独立性和创造性，鼓励孩子拓宽视野、发掘自身潜力。在教育过程中，谷爱凌妈妈还特别强调情绪教育的重要性，帮助孩子学会识别、表达和管理自己的情绪，从而更好地应对生活中的挑战和压力。

我们可以借鉴谷爱凌妈妈的教育模式，注重孩子的个性化教育和全面发展，同时关注孩子的情绪需求，培养他们健康健全的人格，建立和谐健康的亲子关系。只有这样，我们才能真正做到养"女"有道、养"儿"有道，为孩子的未来奠定坚实的基础。

第三章
Chapter 3

【盖茨传承】
以富传富

> 了解比尔·盖茨这位富豪的成长经历。富裕不仅是物质上的,精神上的富裕更难能可贵。

3.1 遇上一个好妈妈
——"问题少年"也能成"首富"

一家人正共进晚餐,儿子却对妈妈怒目而视,用粗鲁的话反驳母亲。一向温文尔雅的父亲,终于不再忍耐,端起一杯水狠狠地泼在儿子的脸上。

小男孩一把抹去脸上的水珠,愤懑地说:"谢谢你给我洗脸。"

有谁能想到,这位言行叛逆、脾气暴躁的男孩就是将来的大名鼎鼎的微软公司创始人、世界知名富豪——比尔·盖茨。

成功并非天赐,首富的成长之路也不是一帆风顺的,比尔·盖茨的母亲——玛丽·盖茨的教育之道是"挽救熊孩子"的关键。

他的母亲都做了什么呢?

高瞻远瞩、检讨反思、身体力行,一样都没少。下面我会逐一分析比尔·盖茨母亲的四大黄金教育法则，解开比尔·盖茨的成功密码。

◆ 黄金法则一：发掘孩子的潜质，好妈妈都很会"观察"

众所周知，比尔·盖茨的家庭条件非常优越。他的父亲威廉·盖茨是当地著名的律师，母亲玛丽·盖茨则是华盛顿大学董事、第一州际银行的第一位女性董事和国际联合劝募协会主席，她还曾当过学校老师。

虽然身兼数职，但她并没有因为繁忙的工作就在孩子的教育问题上做甩手掌柜。她利用各种机会尽可能地和孩子待在一起，然后通过仔细又敏锐的观察发现孩子的潜质。

在比尔三四岁时，妈妈经常带着他去工作。他那时正是好动的年纪，可每当妈妈在学校给学生讲课时，坐在第一排的比尔都会听得十分认真专注。于是玛丽发现了比尔有很强的专注力。

孩子对世界都有着强烈的好奇心。在比尔·盖茨小的时候，获取知识的常规方式只有阅读，而他从小最喜欢的事就是看书。因此，妈妈投其所好，在家里放了各种各样的书，通过督促以及陪伴的方式鼓励比尔多阅读。那时的比尔最喜欢读的书是《世界百科全书》，他经常连着几个小时坐着一动不动地读着这套书。

终身阅读的习惯对比尔·盖茨的人生产生了巨大的影响,这个习惯不仅使他积累了丰富的知识,打开了他的眼界,为他的事业也提供了重要的帮助。现已年过六旬的他,依然保持着阅读的习惯。无论身在何处,他都随身携带一个由助手整理好的"书包","书包"里的书也会定期更新。

玛丽悉心培养的阅读习惯,延续到了盖茨家族的再下一代。比尔·盖茨的大女儿詹妮弗·盖茨在22岁生日时,除了收到的很多价值不菲的礼物外,还有一堆书,她一直感谢父亲从小就培养她养成阅读习惯。

比尔·盖茨的姐姐觉得他能够取得如今的成就,跟他们的父母有很大关系。诚然,从好动的孩子到专注阅读的孩子,再到阅读习惯的代际传承,离不开一位用心的妈妈。玛丽·盖茨没有因比尔好动的性格而忽略他"安静"的那一面,通过创造更多与孩子共处的时光,她发掘出了孩子的天赋,使他养成了受益一生的习惯。

◆ 黄金法则二:孩子的问题,首先是家庭的问题

世界上没有完美的孩子

在比尔10岁左右的时候,他古怪的个性曾令一家人十分头疼。

> 纪录片《走进比尔:解码比尔·盖茨》展示了比尔小时候的样子。如果要给那时候的他贴上一些标签,那

就是古怪、书呆子、内向。那时的他常常把自己关在房间里，一整天就在房间里看书、沉思。"如果能够自己选择，他可能宁愿待在家里整天看书。"姐姐有点担心地说道。

慢慢地，比尔成了大家眼里的异类。为了让他能多接触外面的世界，妈妈做了不少努力，但这些努力也成了母子俩矛盾爆发的导火索。

年轻的比尔·盖茨难以理解母亲的苦心，他说："我的父母似乎有点专制，我不是很想遵守他们的要求，我会一连几天不说话。"

于是，比尔和妈妈之间长久的矛盾在一次晚饭中被引爆。

妈妈说："你在干什么？"

比尔说："我在思考。"

接着他又补充道："你会思考吗？"

显然，他在讽刺妈妈。听到他这样说妈妈，他的爸爸罕见地勃然大怒，把一杯水泼到了比尔的脸上。

找到家长与孩子矛盾的根源，是家庭教育走向健康的开始

如果这次争吵出现在你的家里，你会怎么解决呢？把孩子关"小黑屋"？不厌其烦地和他讲道理？还是使用"棍棒底下出孝子"的教育方式？

比尔·盖茨那位充满智慧的妈妈选择了一种不同寻常的解决方式——带全家人去做心理咨询。

玛丽·盖茨不认为这次的矛盾是孩子单方面的问题,她反思起了自己的教育方式。

她既没有责怪孩子,也没有采用一直以来与孩子的沟通方式继续与孩子沟通,而是通过专业的心理咨询,想看看是不是家人之间的沟通方式出了问题。在经历了3个月的心理咨询后,比尔逐渐意识到"相比于父母让我感受到的痛苦,我带给他们的痛苦更多"。

由于妈妈没有将问题一股脑儿地怪在比尔头上,而是反思了全家人的问题,这一点让比尔深受触动。也正是从这一次之后,比尔开始真正地理解妈妈,并开始接受妈妈的帮助。从前那个内心有些自闭、自大的比尔,慢慢变成了一个善于演讲、表达,关心他人,还有点幽默、风趣的人。

◆ 黄金法则三:高质量的陪伴,爱让孩子真正地蜕变

在孩子的成长过程中,父母的高质量陪伴至关重要。在比尔·盖茨的家庭中,妈妈是如何一步步引导,逐渐让孩子走出家庭,迈向更大的世界的呢?

家庭活动是亲子陪伴及家庭教育的最佳场合

调整心态后,为了让比尔·盖茨投入真实的生活,妈妈没少费力气。

每年夏天的时候，比尔家就会和十余个家庭一起举办家庭夏令营活动，其间还会举行体育比赛。这种十分朴实，又极具竞争性的活动也激发了比尔争强好胜的个性。

比赛之余，大人们也会精心设计一些家庭之间的互动活动，以此锻炼孩子的社交能力。其中包括去不同家庭享用晚餐的环节——让孩子们抽签，抽到哪个家庭，就会让孩子到那个家庭里吃饭。这样孩子们就会学到别人家的规矩，还能和不同的大人和小朋友社交。

有趣的家庭夏令营活动和社交活动成了比尔童年时期十分美好的回忆。

除此之外，为了拓宽比尔的社交圈，爸爸参加美国律师协会的会议时，会带上比尔，让他做迎宾员；妈妈也会带他参加联合劝募协会的会议，并带着他为社区做贡献。

多番努力下，童年的比尔·盖茨修复了和其他家庭成员的关系，在家人的陪伴下所形成的自信的心态、高超的社交能力、开阔的眼界等为他后来迈向更大的世界奠定了坚实的基础。

◆ 黄金法则四：匹配合适的资源，助孩子腾飞

善于观察的妈妈不仅发现了比尔超乎常人的专注力，还发现他对数字也十分敏感。

比尔在小时候上算数课的时候，在其他人因为老师说数字的速度太快导致很多数字都没听清时，他已经算出了答案。八年级时，

他在与高年级学生同台竞争的比赛中拔得头筹。

而这一切都被妈妈看在眼里,她悉心培养着比尔在数学方面的才能。

为了满足比尔的成长需要,比尔的妈妈跟爸爸商量,决定把一直就读于公立学校的比尔送到一所叫湖滨中学的私立学校就读。就是在这里,比尔第一次接触到了计算机和编程,并认识了比他大两届的高中生保罗·艾伦——未来的微软公司的联合创始人。

从此比尔的人生一路"开挂"。他在湖滨中学就读期间写出了他的第一个软件程序,后来他和搭档保罗·艾伦一起为几家公司编写过异常复杂的工资程序,并在一个暑假和朋友肯特开创性地利用计算机为学校排课表,帮助校长解决了整个学校都无法解决的问题。

在创建微软的初期,比尔的妈妈又成了他的左膀右臂。她向社区介绍比尔,带他参加各种会议,促成了微软和IBM的第一次合作。为了帮助比尔扩展微软的业务,妈妈向他介绍了沃伦·巴菲特,两人一见如故。后来,巴菲特和比尔成了最好的桥牌搭档和生意伙伴,巴菲特将自己几十年来积累的巨额财富中的一大半捐给了比尔及梅琳达·盖茨基金会。

妈妈的远见卓识和帮助是助力比尔·盖茨一步步腾飞的有力推手。或许不是每位妈妈都有玛丽·盖茨那样的商业资源和能力,但是"父母之爱子,则为之计深远"。身为妈妈,用长远的眼光看待孩子的成长,尽己所能做孩子的"人生战友",把自立于世的方法留给儿女,这样的教育方式教出来的孩子,即使不是物质上的"首富",也会是精神上的"首富"。

3.2 正反馈原则：
"孩子成长过程中经历的绝大多数痛苦，
都来自长期对自我的否定"

孩子在成长过程中经历的很多痛苦和困难，往往来自长期对自我的否定。这种思维模式会导致孩子在面对挑战和困难时感到无助和沮丧，因为他们认为自己无法改变现状。当他们做出与其他孩子不同的行为的时候，如果不能得到其他人正向的反馈，他们就会认为自己的行为是错误的。

然而，每个孩子都有自己的擅长与不擅长之处，父母要引导孩子从小建立自信心。天才之所以是天才，就是因为他的思想比较超前，有创新，因此才与众不同。当然，比尔·盖茨的成功也离不开父母的正确引导，及时给予他正向反馈，帮助他建立自信心。

比尔·盖茨从小就不是一个安分守己的"好学生"。

饭桌上，比尔不高兴地对妈妈说道："妈妈，我不想上学了，另外，罗勃老师让您明天去教室。"

次日，教室内，在一片吵闹声中，一名老师的声音尤其大，且饱含恼怒之情，只听他说道："比尔·盖茨，为什么你又不回答我的问题？为什么每次你都需要别人的提醒！"

"我没有故意不回答，我只是在想事情。"这是比尔·盖茨的声音。

当比尔·盖茨的妈妈终于赶到教室时，老师的怒火已经达到了最高值。她慌忙向老师解释，比尔不回答问题并非故意的，他只是喜欢独自思考，从而会不由自主地忽略外界的干扰。

比尔·盖茨妈妈的话并未熄灭老师的怒火，他继续道："学生遵守纪律是保证课堂效率的基础，如果课堂秩序一直被打破，那别的学生如何能好好上课呢？"他还讲了比尔·盖茨的一系列"丰功伟绩"，说比尔不仅不遵守课堂秩序，还不喜欢与人交流，一点也不合群。

不久之后，比尔·盖茨的妈妈向学校提出转班申请。新的班主任温和而又爱笑，愿意包容比尔·盖茨的与众不同。

在新的班级内，比尔·盖茨拥有了更多阅读书籍的自由，也受到了来自老师的鼓励与支持。当他回到家中后，会带着愉快的心情与父母分享校园内的所见所闻。

面对罗勃老师的愤怒，比尔·盖茨的妈妈并未立马责备孩子，她了解并相信自己的孩子，从而帮助他找到适合他的新环境，给予了孩子正向反馈。试想一下，如果比尔·盖茨没有转班，继续在原来的班级学习，原本应该会走向天才之路的少年是否还能继续他的路？

究竟该如何利用正反馈引导孩子呢？让我们来看看以下四种引导方法。

◆ 引导方法一：营造和谐家庭氛围，这是天才成长的沃土

比尔·盖茨的家庭教育是天才儿童成长的典型案例，比尔一家的家庭气氛比较和谐愉快。他的父亲威廉·盖茨德高望重，是有名的律师，曾经担任华盛顿州律师协会主席、全美律师联合会主席。他的母亲玛丽·盖茨则是这个家的领导人物，她有很强的上进心，在教育界声誉极高。他的两个姐妹也活泼开朗、乐于助人。

每次全家一起吃饭时，是大家最开心的时候。餐桌上，孩子们畅所欲言，大人们认真倾听，姐姐讲学校发生的逸闻趣事，弟弟则讲自己在阅读书籍时发现的问题。

后来，随着孩子们逐渐长大，他们的视野更加开阔，接触到的

事物也逐渐不同。这时孩子们会在饭桌上讲述自己生活上的安排与对未来的规划，而父亲与母亲则会支持他们的想法，并给出适当的建议，鼓励他们去实现心中的想法。

比尔·盖茨在成为世界首富后，曾经在一次采访中回忆，他小时候非常喜欢家中的饭桌讨论，这是他一天中最期待的时刻之一。在饭桌上，他可以学习到他想知道的以及他不知道的知识，这些知识极大地拓宽了他的视野。

幼年是培养孩子习惯的最佳时期，而良好的家庭氛围则是培养好习惯的沃土。在轻松愉悦的家庭氛围之中成长的比尔·盖茨有着热爱阅读、善于输出观点、快速汲取知识的良好习惯和技巧，这些都为他未来的成功奠定了坚实的基础。

◆ 引导方法二：正确引导，不要随意否定

首先是询问，而并非苛责

其实，在比尔·盖茨转班之前，曾与母亲进行过这样一段对话。

母亲首先问道："比尔，你的老师告诉我，你在学校内不遵守纪律，上课时睡觉，下课后却精力十足，这是什么原因呢？"

比尔·盖茨沉默了一会儿，片刻后，他如实回答道："妈妈，我也不知道是什么原因。但是只要一上课我就会想睡觉，而下课后我又十分希望能继续阅读我的书。"

母亲了然，她继续道："比尔，如果你继续这样，我们就需要

考虑留级。"

在处理比尔·盖茨在学校的问题时，母亲并没有歇斯底里地质问比尔·盖茨，也没有主观判断他的情况，而是首先冷静地向比尔·盖茨询问原因，从而得到了最真实的回答。

耐心引导，促进孩子的高质量成长

小时候，比尔·盖茨算得上是一个"问题少年"。他不喜欢上课，因为他觉得上课的内容都很无聊。他不喜欢与人交流，因为这样会浪费他看书的时间，而且同龄人也常常听不懂他的话。

比尔·盖茨的父母也曾为此非常焦虑，他们想了很多办法，并耐心引导他，比尔·盖茨的性格才逐渐变化。

在转班以后，玛丽和威廉常常告诉比尔·盖茨，尽管他们能够理解并且支持他的爱好，他还是应当遵守学校的规则，不能随意打破学校的制度。比尔·盖茨并不愿意遵守学校的制度，于他而言，做自己喜欢的事情——持续阅读，才是他最应该遵守的制度。不过，在父母的谆谆教诲之下，比尔·盖茨还是逐渐收敛了自己的个性。

于幼小的孩子而言，他们其实不太能够明白什么是规则，他们更想顺着自己的心意做事情。这时候，孩子最需要的就是父母的耐心引导，在父母的教导之下，才能促进他们对于规则的正确认识。

◆ **引导方法三：以身作则，父母就是孩子最好的榜样**

常言道，近朱者赤，近墨者黑。一个大字不识几个的粗野之人，在文化氛围的熏陶之下也能偶尔吟诵几句诗，更何况是如璞玉一般需要精雕细琢的孩子。那么，原本还是"问题少年"的比尔·盖茨，是如何在父母的影响下，走上灿烂的天才之路的呢？

善于交流，良好的口才是成功的基础

比尔·盖茨年幼时，常常随爸爸妈妈去不同的地方，有时候是做公益，有时候是参加晚会，有时候是看一场报告会。

看着爸爸妈妈同他人交谈的模样，比尔·盖茨在社交方面也慢慢变得游刃有余。有时候，爸爸妈妈也会向比尔·盖茨提问，鼓励比尔·盖茨表达自己的想法。

后来，与高年级好友保罗共建微软公司之后，大家都一致同意由比尔·盖茨担任总裁。在他们的心中，比尔·盖茨不仅有着卓越的专业能力，还有着绝佳的口才，又博览群书。如果要与别的公司进行商业谈判，没有比尔·盖茨，那必然是不行的。

父母永远是孩子最好的老师，孩子的所作所为必然会受父母的影响。也正是因为如此，人们才会常说，孩子是父母生命的延续。

◆ 引导方法四：给孩子积极暗示，打破思维局限

比尔·盖茨与罗勃老师发生争吵后，如果比尔·盖茨的妈妈首先责备他，然后再让他给罗勃老师道歉，那比尔·盖茨的心情会如何呢？

也许他会认为，自己内心的想法没有得到妈妈的理解，只有责

备,是不是在妈妈的心里,他就是坏孩子了呢?以后他还会坚持做自己吗?

幸而,这种情况没有发生,比尔·盖茨的妈妈选择相信自己的孩子。在回家的路上,她鼓励比尔·盖茨:这次的事情并非比尔·盖茨自身的原因,要相信自己,不要自我否定,她和他的父亲永远都相信他是一个好孩子。

她还告诉比尔·盖茨,他拥有独特的天赋和才华,只要努力追求自己的梦想,就一定能够取得成功。这些鼓励的话语让比尔·盖茨重新振作起来,并继续努力追求自己的梦想。

父母是孩子的第一任老师,孩子未来能否成功与父母的关系很大。在孩子遭遇困难时,他最需要的是父母的鼓励,父母坚定的支持给了孩子坚持不懈向前奋进的动力。

3.3 比尔·盖茨的4个阅读习惯，自家也能轻松打造庞大知识库

美国著名人物本杰明·富兰克林曾经说过，读书是他唯一的娱乐方式，他不会到酒馆、赌场或其他娱乐场所消磨时光。

比尔·盖茨的家中既有珍贵的藏品，也有巨大的书架。据说，因为比尔·盖茨幼年时爱书成痴，所以他的父母不得已定下了阅读时间不能太长的规矩。而成年以后，比尔·盖茨仍保持着每年阅读几十本书籍的习惯。

那么身家千亿美元的富豪有什么阅读习惯呢？知道了这四点，我们也能为孩子打造庞大的知识库，一起来看看吧。

◆ **阅读习惯一：在书页空白处做笔记**

在比尔·盖茨上小学的时候，他的妈妈经常会到学

校去询问孩子的阅读情况。

> 有一次,玛丽·盖茨问老师比尔·盖茨的学习情况。老师回复道:"比尔·盖茨是一位小天才,虽然他不喜欢写作业,但是他非常喜欢阅读。"他又举例说,"虽然他才这么小,但是他已经阅读完了百科全书,我提出的与这本书有关的问题,他几乎都能够准确地回答。"

回到家中,妈妈告诉了比尔·盖茨老师对他的肯定,旋即询问比尔·盖茨是如何做到的。比尔·盖茨沉思片刻,便告诉妈妈:"妈妈,每当我阅读时,如果遇到我感兴趣或者是有疑问的地方,我都会在相应的地方做笔记,方便我以后复盘。"

他还告诉妈妈,如果有需要,他还会在书的空白处写上个人的感悟及思考,把学习到的知识与自己已有的知识相结合。

这样的习惯一直保持到了现在。如今,比尔·盖茨仍然喜欢阅读,也会在书上留下自己的笔记。

天才也需要不断地思考与学习。好记性不如烂笔头,记笔记能够有效巩固我们在书中领悟到的知识,也能够方便下一次的复习。

◆ **阅读习惯二:不看不喜欢的书**

从小到大,比尔·盖茨都很爱读书,在他小时候,阅读占据了他绝大多数的时光。这为他成为一名出色的领导者以及技术型人才奠定了基础。

比尔·盖茨一直坚持一个原则——如果有什么书籍自己不想看，那就千万不要看。因为做任何事情时，如果你的内心很抵触这件事，那么做这件事的过程必然不会愉快。

> 有一次，在看完一部电影之后，比尔·盖茨对电影的原著十分有兴趣，几经寻找之后，比尔·盖茨终于找到了原著。
>
> 然而，在粗略翻阅之后，比尔·盖茨发现这本书写得很长，他不愿意在这本书上花费太多的时间，所以他不再阅读这本书。他将这些时间用到了其他更有价值的地方。

给孩子阅读的书籍往往都带有精美的插画，这样可以吸引他们阅读。但是孩子逐渐长大后，需要阅读有更多文字的书籍，他们也许会觉得这种书很枯燥，可能不愿意阅读。如果他们根本不愿意看完那本书，就没有必要强迫他们看完，因为正如比尔·盖茨所说，强迫孩子看一本他们不喜欢的书会让他们产生不愉快的情绪，无法给他们带来正向的反馈。

◆ 阅读习惯三：最佳选择是纸质书

比尔·盖茨更习惯阅读纸质书籍，这样他就可以一边阅读一边记录下自己的所思所想。纸质书能够提供一种独特的阅读体验，这种体验是电子设备无法替代的，想必这也是比尔·盖茨更推崇阅读纸质书的原因。

这样的阅读方式也非常值得家长参考。电子书固然方便，但长时间看电子屏幕会给孩子的眼睛带来伤害。而且将一本纸质书籍拿在手中的踏实感觉，远远比电子书带来的满足感充沛得多。

◆ 阅读习惯四：给阅读留下充足的时间

在阅读的过程中，我们不仅要注意书籍的选择，也需要注意阅读的时间。

合理规划时间

小时候，比尔·盖茨经常因为过于沉浸阅读而忘记吃饭，或者拿着书在餐桌旁边吃饭边看书。爸爸妈妈为此感到非常苦恼，定下了不能将书籍带到餐桌上看的规矩。有了规矩之后，比尔·盖茨就在吃完饭以后才跑到房间里继续看书。

除了在家中如饥似渴地读书之外，在学校里，比尔·盖茨也是一位不折不扣的"书呆子"，他不喜欢与人交流，甚至为此与老师产生了矛盾。

幸好，得益于母亲的理解，比尔·盖茨得到了充分的尊重。在父母正确的引导之下，比尔·盖茨逐渐学会了注重阅读之外的其他事情，例如遵守学校的规章制度。

在父母的支持之下，比尔·盖茨开始尝试合理规划自己的时间。他把一天的时间分成几个部分，每个部分都有特定的任务。

在学习的时间里，他会把大部分的时间用来阅读。每当读完一本书，他都会做一些笔记，记录下书中的重点和自己的感想。

而当阅读时间结束时，他会放下手中的书去做一些其他的事情。例如参加学校的课外活动、参与家中的活动等等。

长期沉淀的过程

成为亿万富翁之后，比尔·盖茨的行程日益繁忙，但他依旧保持着阅读习惯。他会尽量将自己每日睡前的一个小时留出来，专门用来读书。

他认为，读书这件事不是每天花五分钟、十分钟就行的，而是需要一个人安静地坐下来，花至少一个小时的时间。每天晚上他都会花一个小时以上的时间阅读，因此他有足够长的时间让自己沉浸在书的内容里，并有所收获。

阅读不是一个一蹴而就的过程，而是长期沉淀的过程。在慢慢积累之下，阅读者的眼界、知识量才能够拓宽和增长，从而打造出独属于个人的庞大的知识库。

3.4 做懂得适度放手的父亲：
榜样的作用比直接教导更有效

2020年9月14日，比尔·盖茨的父亲威廉·盖茨去世。在给父亲的悼念词中，比尔·盖茨这样写道：

"我的父亲是我努力想成为的一切。"

一个好的父亲就如同一位好的老师，他的一言一行都会对孩子的成长产生深远的影响。

作为世界知名富豪的父亲，威廉·盖茨自身的实力也不容小觑，他是世界上最大的律师事务所之一——高盖茨律师事务所的创始人，同时也是著名的慈善家。

这位父亲是如何培养比尔·盖茨的呢？

他采用了以身作则、沟通交流、适度放手等教育方式，为儿子架起了通往更广阔世界的桥梁。下面带您逐一分析他培养比尔·盖茨的四大法则，细看培养孩子的秘诀。

◆ **黄金法则一：离开舒适区，带领孩子尝试新领域**

从小到大，比尔·盖茨都是一个内向且严谨的人，他不喜欢与人交流，最喜欢的活动就是躲在自己的房间里面读书。

威廉·盖茨认为，在孩子年幼的时候，最需要培养的是多元化的视野，不能让孩子一直待在舒适区里，要鼓励他们走出去，尝试多种不同的领域。

因此，威廉·盖茨不会让比尔·盖茨一直待在书房里，他会时不时地带着比尔·盖茨出去参加各种活动、比赛，例如参加游泳、田径等等比赛，还曾带着比尔·盖茨去学习长号。

后来比尔·盖茨成为世界首富之后，他觉得是父亲从小对他的多种要求让他有了多元化的思维方式，如果没有父亲的引导，就不会有现在的他。

就教育而言，鼓励孩子在年幼的时候就开始尝试不同的新鲜事物是非常有必要的。专精于一门科目或是特长固然十分必要，但是走出舒适区是让孩子未来能够拥有多元化思维的重要途径之一。

◆ **黄金法则二：尊重孩子的选择，做孩子最坚实的后盾**

在父母的要求之下，比尔·盖茨在中学毕业后，考入哈佛大学继续学习，他主修的专业是法学。他的父母都希望他未来能够继承父亲的工作，成为一名优秀的律师。

比尔·盖茨听从了父母的安排，但是学习了法学没有多久之后，比尔·盖茨就发现法学并不是他的兴趣所在。他没有那么渴望成为一名律师，他的最爱还是计算机。

在哈佛大学就读的日子里面，比尔·盖茨时常逃课，常常在宿舍里面玩桥牌，还因此结识了一帮牌友。后来他的好友保罗来到哈佛大学的宿舍找他，告诉他自己发现了一个非常好的创业机会。

经过一番合计之后，比尔·盖茨与保罗一致认为，计算机成为未来世界的潮流已是一种必然趋势，势不可挡。他们非常想加入这股潮流之中。

加入这股潮流的最好办法就是一起开办一家公司。保罗已经毕业，随时可以开始，但是比尔·盖茨不行，他现在还是一名大二的学生。比尔·盖茨告诉保罗，他需要一段时间才能作出决定。

比尔·盖茨将自己想要辍学去创办公司的事情告诉了家里人。最开始听到这件事情时，威廉·盖茨勃然大怒，他一点也不赞同孩子的决定，为此还请了自己的好友、著名企业家斯托姆来劝说比尔·盖茨。

然而，当比尔·盖茨与斯托姆交谈之后，斯托姆被比尔·盖茨的深谋远虑和远见卓识打动，甚至反过来劝比尔·盖茨的父母。最终，经过全家人的商量，比尔·盖茨的父母同意了比尔·盖茨辍学的决定。

一个星期以后，比尔·盖茨告诉保罗，他们创办公司的计划可以开始了。就这样，在父母的尊重与认可下，比尔·盖茨开始了一段创业之路，开启了人生的新旅程。

◆ 黄金法则三：乐于沟通，适当鼓励

沟通是亲子关系的必修课，那么如何进行有效的沟通呢？让我们来看看盖茨父子之间是如何对话的。

乐于与孩子交流想法

在比尔·盖茨还在上学的时候，有一次，他准备为自己将来的公司拟定一个人才计划，说做就做，不到一个下午的时间，盖茨公司培养人才方案成功完成。比尔·盖茨兴高采烈地拿着这个方案走进父亲的房间，大声道："爸爸您看，我已经完成了我的人才培养计划！"

在父亲阅读方案的间隙，比尔·盖茨继续说，他认为一家成功的公司首先需要的就是优秀的人才与高端的技术，有了人才与技术，那他一定能够带领他的公司走向成功。

听完这句话之后，父亲笑了笑，对比尔说道："孩子，你做得很好，我相信你的梦想在未来都会实现的。"随后，父亲与比尔·盖茨就其中的具体内容交谈起来。

在与父亲交流后，比尔·盖茨对于如何成功打造一家公司有了更深入的理解。

随时为孩子答疑

在微软公司创立初期,比尔·盖茨常常会遇到人手不足以及管理经验不足的问题。每当遇到这些问题时,比尔·盖茨都会向父亲求助,他还时常向父亲询问一些法律相关的问题。

而威廉·盖茨也会及时地为儿子答疑,并且将自己所有的资源都用来帮助儿子。他常常带着比尔·盖茨参加各类宴会,向他的朋友们引荐比尔·盖茨。这些帮助都为比尔的创业之路添砖加瓦,帮助微软公司在成功之路上越走越远。

不知比尔·盖茨在谈判桌上与他人谈判时,是否会想起那些与父亲对话的日子?

愉快的沟通是合作的基础,一个人如果具备了良好的沟通技巧,那么这种技巧对于建立良好的关系大有裨益。威廉·盖茨与儿子的互动为比尔·盖茨掌握优秀的沟通技巧打下了基础。

3.5 盖茨家族的"富养"之道：
延续财富帝国的传奇

比尔·盖茨的外祖父是一位银行家，注重家庭教育。比尔·盖茨的父亲是一位严谨认真的律师，他秉承了家族的传统，注重对孩子道德品质的培养。比尔·盖茨的母亲是一位企业家，曾任华盛顿大学的校董事，她勇敢独立，有自己的事业追求。

纵观比尔·盖茨家族上下，每个人都勤奋好学、积极进取。家族的上一代人不仅仅在物质上富养孩子，在精神上也富养孩子，这才铸就了比尔·盖茨的成功。

那他们究竟是如何"富养"孩子的呢？就让我们一起来看看吧。

◆ "富养"法则一：传递正确的财富观

正确的财富观是实现个人价值和社会价值的关键。在比尔·盖茨的家中，财商教育早已成为不可或缺的一部分。

培养子女的理财观念

很小的时候，比尔·盖茨就已经有了理财观念。

比尔·盖茨的老师在教授了一些经济学相关的知识后，要求他们写一份投资报告。比尔·盖茨对此很有兴趣，写完报告后，他拿给了父亲，想请父亲帮他看看。

父亲看完后，与他进行了一场关于投资和理财的对话。

比尔·盖茨的父亲问道："你想如何进行投资呢？"

比尔·盖茨回答："我会招募优秀的人才和我一起，让他们帮助我进行投资！"

父亲点了点头。

这次对话对比尔·盖茨的影响十分深远。他不仅学会了如何进行投资和理财，更重要的是，他明白了投资不仅需要收集足够多的信息，还需要很多人参与分析，才能做出最优的决策。这为他后来成为世界首富打下了坚实的基础。

正确的理财观念是一个人能够积累财富的基础之一。作为家长，我们应该注重培养孩子们的理财观念和投资意识，让他们具备面对未来挑战的智慧和能力。

财富应回馈社会，助力他人

对于富人而言，如何给子女分配自己的资产，似乎一直是一个难题。但是在比尔·盖茨这里，这个问题从来就不存在。

很早之前，比尔·盖茨就曾说过："我不会给我的继承人留下很多钱，因为我认为这对他们没有好处。"他决定未来他最多会给每个孩子留下1000万美元，其余的资产将全部用在慈善领域。

那么这些庞大的资产究竟何去何从呢？2005年，50岁的比尔·盖茨在社交媒体上宣布，自己将拿出98%的资产捐献给自己创办的比尔及梅琳达·盖茨基金会。

而在孩子的财富教育上，比尔·盖茨也教导孩子们，财富不是用来炫耀或满足个人欲望的工具，而应该用来帮助他人、改善社会。

比尔·盖茨的前妻梅琳达也经常告诉孩子，财富的意义不仅在于物质享受，更在于实现自我价值和承担社会责任。只有在孩子学会了使用财富去帮助他人的时候，才能获得真正的财富。

梅琳达曾经这样教导孩子们，10美元就能为非洲的一些贫困家庭买窗帘、被子等日常必需用品。在孩子们的生活中，这笔钱微不足道，但是对于非洲的那些家庭而言，这笔钱能够改善他们的居住环境，从而减少一系列因卫生状况不佳而导致的疾病的发生。

通过比尔·盖茨与梅琳达的故事，我们可以看到一些成功人士具备的品质，例如对事业的热爱、坚定的信念、勇于创新和承担社会责任，这些品质缺一不可，且无一不需要家庭从小的培养。这些品质不仅对孩子们的成长有着重要的启示作用，也是家长需要积极践行的教育理念。

◆ "富养"法则二：陪伴是最长情的告白

时间是海绵里的水，挤一挤，总是有的。对于忙于应酬以及工作的家长而言，时间愈发珍贵，平衡工作与家庭就显得更加重要。那么曾经的世界首富是如何做的呢？就让我们一起来看看吧。

将时间留给孩子

据说，在美国，曾经流行着这样一句话："你为什么不能成为一位像比尔·盖茨那样的父亲？"

事情的起因是这样，当时比尔·盖茨的孩子正在上幼儿园，身为全球知名的富豪，比尔·盖茨虽然工作很忙，然而他却每周都会抽几天接送孩子上学放学。

当新闻媒体报道了这个消息后，美国的家庭主妇们纷纷夸赞比尔·盖茨的行为，也经常要求自己的丈夫向比尔·盖茨学习。就这样，在那一段时间，幼儿园门口常常挤满了来接送孩子的父亲们。

当然，比尔·盖茨的"丰功伟绩"还不止这一件。

据说，比尔·盖茨只要有空就会陪孩子们读书，我们也常常可以在网络上看到，梅琳达与比尔·盖茨抱着孩子或依偎着孩子，一同阅读的照片。

这种陪伴式的教育方式，让比尔·盖茨的三个孩子得以在一个充满爱和陪伴的环境中成长。他们学会了如何应对挑战，坚持自己的梦想，并将阅读视为自己一生的爱好。

我永远坚定支持你的选择

比尔·盖茨的长女詹妮弗·凯瑟琳·盖茨生于1996年，在这样优渥的环境下长大的孩子，一般可能都会有一些自己的小脾气。然而，她并没有被娇生惯养，她热爱学习，有清晰的自我规划，成功考入斯坦福大学学习人类生物学。

詹妮弗在斯坦福大学的同学曾经这样评价她："她非常喜欢与我们交流，她的成绩也很好。而且她一点架子也没有，与她交流的时候，你完全不会认为她是世界首富的女儿。"

与比尔·盖茨一样，詹妮弗同样有很多爱好，她热爱马术，曾经在马术比赛中获得过名次，她的马术技术几乎可以媲美专业马术运动员。

这一切都归功于詹妮弗的家庭教育，比尔·盖茨与梅琳达一直鼓励孩子们去学习并拓展自己的爱好。他们不仅是孩子们的父亲与母亲，更是他们的导师和朋友。他们深知每个孩子都有自己的兴趣和才华，因此他们从不强迫孩子们走父母设定的道路，而是鼓励他们追求自己的梦想。

在发现詹妮弗喜欢马术以后,他们不仅挤出时间陪伴詹妮弗训练,见证詹妮弗的成长,还力所能及地为女儿提供最好的训练机会和场所。

比尔·盖茨夫妇坚定地支持孩子们的选择和梦想,因为只有让孩子们追求自己的梦想,才能让他们真正感受到成就感和幸福感。这样他们就可以在自己热爱的事情中逐渐成为一个闪闪发光的人,不仅物质上是富有的,精神上也是富有的。

◆ "富养"法则三:爱与尊重的教育哲学

爱与尊重是孩子成长中的永恒话题,也是父母的必修课。

培养同理心与关爱他人的品质

比尔·盖茨的三个孩子长大以后,都曾经向新闻媒体表示过,自己会坚持参与慈善活动,小女儿菲比·盖茨更是向妈妈学习,将慈善事业融入了自己的商业版图。那么,他们是怎么形成这种热衷慈善事业的观念的呢?

原来,比尔·盖茨与梅琳达一直在培养孩子的同理心与关爱他人的品质。在孩子们很小的时候,他们就引导孩子们关注世界上的各种问题,尤其是那些欠发达地区的人们面临的生存挑战。

比尔·盖茨与梅琳达会带着他们看各种社会新闻,讨论各种社会问题,让他们了解世界的多元性和复杂性。他们还鼓励孩子们参与社区服务活动、募捐活动，亲身体验如何更好地帮助他人。

除了身体力行地带孩子们参与各种活动，比尔·盖茨与梅琳达还通过自己的慈善事业向孩子们传递这些价值观，他们鼓励孩子们参与各种慈善活动，让他们了解财富的力量如何帮助那些需要帮助的人。

通过这种方式，孩子们不仅学会了关爱他人，还学会了回馈社会。培养同理心和关爱他人的品质是教育孩子的过程中不可或缺的一部分。父母的言传身教、孩子的亲身实践都能够有效贯彻这些理念，为孩子们带来了真正的精神富有。

第四章
Chapter 4

【巴菲特原则】
生财,从源头开始

在不断变化的社会中,巴菲特如何让家族的财富源源不断?

4.1 巴菲特推崇的"抠养"式教育,究竟魅力何在?

在世界财富排行榜上名列前茅的富翁用优惠券请人吃饭?这是真的吗?

是真的。全球知名的投资家、伯克希尔·哈撒韦公司的董事长兼首席执行官、世界上最富有的人之一——沃伦·巴菲特在一次请比尔·盖茨吃饭时,他就从怀中拿出了一把优惠券,委实令人错愕。

作为世界级富翁,巴菲特最不缺的就是钱,但在生活中,他处处省钱,一个钱包可以用二十年、吃最便宜的早餐、不买名牌车等等。除了对自己"抠门",巴菲特也从不富养孩子们。巴菲特的孩子只拥有"股神的孩子"的名头,其他任何与金钱有关的要求,巴菲特从不轻易答应他们,他会让孩子们自己去想办法,如果孩子们实在是走投无路了,他才会出手帮助他们。在这样的教育方式之下,孩子们长大后在各自的领域都小有成就,没有辜负父亲的期望。

在巴菲特成功的背后,是他家族独特的"抠养"式教育理念。这种理念在巴菲特的家庭教育和企业经营中都有体现,那么,这种教育理念究竟有何魅力呢?作为家长,又该如何运用呢?就让我们一起来看看以下四大法则。

◆ "抠养"式教育法则一:合理使用资源,强调效益最大化

巴菲特的爷爷欧内斯特经营着一家百货店,小时候,巴菲特在爷爷的身边长大,他常常帮助爷爷算账。因此,巴菲特形成了一种节俭且"钱要花在刀刃上"的金钱观。成家以后,他更是以身作则,向孩子们示范如何合理规划和使用资源,让孩子们明白每一笔支出都应有回报。

有趣的报童经历

从小到大,巴菲特对数字都非常敏感,并对赚钱很感兴趣。父亲霍德华十分重视巴菲特的数字天赋,因此在工作的时候,他常常带着巴菲特一起,巴菲特因此学习到了很多的股票知识。

小的时候,巴菲特在父亲霍华德的引导下找到了一份在《华盛顿邮报》送报纸的工作,这份工作简单而轻

松,还可以读到报纸。巴菲特非常喜欢这份工作。对于巴菲特而言,这是一份让他感到很愉悦的工作,于是他每天都早起投入工作之中。

随着对送报纸工作的逐渐熟悉,巴菲特逐渐发现《华盛顿邮报》并不是市面上订阅量最大的报纸,还有一份报纸叫做《时代先驱报》,它在当时也非常流行。

通过一段时间的研究,巴菲特发现这两份报纸都是市面上流行的报纸,而且许多人订阅了其中一份报纸,也会订阅另外一份报纸。因此,巴菲特萌生了一个想法,他决定同时送两家报纸。

很快,他就将这个想法付诸行动。就这样,巴菲特仍然走着差不多的路线,但是送着两份报纸。后来巴菲特又调查了这条路线上被人们订阅的其他报纸,并得到了送这条路线上其他报纸的工作,就此他几乎可以花费只送一份报纸的时间送好几家报纸。

就这样,巴菲特成了送报纸的明星人物,被当地人誉为"超级报童"。哪怕是五百多份报纸,巴菲特也只需要1个小时左右的时间就能够送完。他用送一份报纸的时间,达到了比其他人都高的工作效率。

通过送报纸的工作,巴菲特不仅锻炼了自己的工作能力,还发现了提高工作效率的方法。作为家长,巴菲特常常鼓励孩子参加不同的实践活动,合理使用各类资源,让他们从中学习宝贵的经验。

◆ "抠养"式教育法则二：教育子女独立思考与自我奋斗

巴菲特曾表示，他给子女的最大财富不是金钱，而是教会他们如何独立生存。和爷爷欧内斯特让自己通过打工独立赚钱一样，巴菲特鼓励孩子们自己找工作挣钱，强调自我奋斗的重要性。这种教育方式不仅让孩子们学会了自力更生，也培养了他们独立思考和决策的能力。

给祖父打工

其实，并非巴菲特推崇"抠养"式教育，"抠养"式教育是巴菲特家族的传统。

巴菲特的爷爷欧内斯特就是一个有些抠门的人，他对巴菲特并不大方。欧内斯特在奥马哈有一家杂货店，每次在奥马哈的时候，为了获得更多的零花钱，巴菲特会帮助祖父在他的商店做一些清理杂物的工作。

尽管是自己的孙子，欧内斯特却不会付给巴菲特比常人多的薪水，反而只给他微薄的酬劳，是他首先教导了巴菲特独立奋斗的观念。巴菲特的工作并不轻松，当时他只有十几岁。对于一个十几岁的孩子而言，要搬运比自己重得多的货物是一件非常困难的事情，但是巴菲特还是坚持完成了这些工作。

完成了工作以后，在晚上，巴菲特也不会和其他的小朋友一起玩耍，而是和祖父商量他下一步的工作。他向祖父以较低的价格购买饮料，然后再去各个邻居的家里推销。在炎热的夏天，如果能喝到可口的饮料，实在是一件令人快乐的事情。也正是因此，巴菲特很快就积攒了一小笔钱。

在这个故事中，巴菲特不仅完成了繁重的体力劳动，还展现出了独立思考与奋斗的精神。他从祖父那里购买饮料，然后转售给邻居，利用夏天人们对饮品的需求，成功地实现了小规模的商品买卖，并积累了初始资金。

这些工作不仅锻炼了巴菲特的身体，也培养了他的独立性和责任感。孩子的独立意识需要从小就开始培养，作为家长，我们可以让孩子承担一些家务或家庭任务，让他们学会独立承担责任，以此学会独立奋斗。

◆ "抠养"式教育法则三：注重精神财富传承，而非物质遗产

巴菲特不仅是一位成功的投资者，还是一位深谙家庭教育之道的父亲。他深知，财富固然重要，但精神财富才是家族传承真正的教育核心。因此，和爷爷欧内斯特一样，他始终坚持"抠养"式教育，不会随意为孩子们提供金钱支持，不单纯追求物质财富的传

承，而是注重培养孩子们的独立性、责任感和良好的品格。

拒绝为儿女提供金钱支持

作为世界首富的孩子，大部分人都认为巴菲特的儿女们一定是不缺钱的，但是事实却并非如此。在父亲的教导下，他们知道节俭，更明白自食其力的道理。

一次，巴菲特的大女儿苏茜在怀孕之后为了方便活动，并且考虑孩子出生后也需要更多的活动空间，想要装修房子。苏茜大概估算了一下，装修大概要3万美元，而自己的小家庭无法承担这笔费用，唯一的办法就是去借钱。

去哪里借钱呢？哪里都没有找父亲靠谱。于是苏茜向父亲询问，能否借给她一笔钱。但是巴菲特不希望苏茜过于依赖自己，他要苏茜去银行贷款。不过在苏茜怀孕6个月后，巴菲特的好朋友凯瑟琳带着食物来看望她时，发现苏茜家里十分清贫，陪伴苏茜的只有一台很小的黑白电视机。凯瑟琳很快将苏茜的情况告诉了她的妈妈——苏珊，苏珊赶到了女儿身边，用巴菲特的钱帮女儿装修了房子。

尽管资产颇多，巴菲特却拒绝直接提供物质支持给子女，在孩子需要借钱时,巴菲特鼓励他们自行向银行贷款而不要依赖家族财富。这种做法使孩子们在面对生活挑战时学会了独立解决问题、自强自立,并理解到财富的价值在于创造与管理,而非坐享其成。

家庭教育不能仅仅关注物质财富的传承,更要注重精神财富的培养。家长应培养孩子精神上的独立性和丰富性,让他们懂得依靠自己的努力去实现目标,而不是一味依赖家庭背景或父母的支持。父母应通过教导孩子正确的价值观和生活原则,使他们具备健康的财务观念和明智的决策能力。

◆ "抠养"式教育法则四:务实、理性的生活态度与投资哲学

巴菲特一直秉持"价值投资"的理念,注重企业的长期价值和可持续增长。这种理念不仅让他在投资事业中取得了巨大的成功,也让他的生活态度更加务实和理性。在教育子女时,他始终倡导实事求是、理性看待世界的态度。

人生的第一只股票

从小,父亲霍德华就有意培养巴菲特对数字的敏感度,霍德华应巴菲特的要求带他去华尔街,并且带领他进入金融领域。在父亲的言传身教下,他对股票市场逐渐有了一些基本的了解。

12岁的时候,巴菲特购买了人生的第一只股票,还说服姐姐多丽丝与他一起购买这只股票。巴菲特选择这

只股票是因为这是父亲最喜欢的一只股票。买这只股票时，巴菲特信心十足，相信这只股票一定能够赚钱。他的自信感染了姐姐多丽丝，很快姐姐就把自己的零花钱全部给了弟弟，姐弟两人凑齐了钱买了三股这只股票，花光了他们所有的积蓄。

但是事情没有像他们想象的那样发展，买入这只股票以后，股价一度从38.25美元跌到了27美元。姐姐十分着急，这可是她所有的积蓄呀。自此以后，每天放学以后，姐姐就会提醒巴菲特，股票价格还在下跌。巴菲特的压力也越来越大，但也就是这段时间，他明白了买股票也要承担一定的风险，幸好后来股票价格一直涨到了40美元，比他们购入时的价格还多了近2美元。

这个时候，巴菲特哪里还沉得住气呢？他马上就和姐姐一起将这只股票全部抛售了，赚到了差不多5美元的利润。

但是不久以后，这只股票却涨到了202美元，比原来的翻了几倍，巴菲特分外懊恼，他知道自己错过了一个赚大钱的好机会。经过这一次，他明白了要放长线，才能钓大鱼。同时也不能被一点利润诱惑，如果自己更加有耐心，那肯定就能赚到更多的钱。另外，他也提醒自己，炒股要承担一定的风险。如果没有一定的把握，不要轻易和别人一起投资，这样很可能会给别人带来压力和烦恼。

尽管巴菲特在短期内获得小额利润后抛售了股票,但随后股价的飙升使巴菲特明白了长期持有优质资产的重要性,以及不被短期小利诱惑而放弃更大收益的智慧。

在生活中,家长亦需要培养孩子们务实、理性的生活态度,帮助他们建立正确的价值观和投资理念,为他们的未来打下坚实的基础。

总之,我们在教育孩子时,不但要培养他们注重节俭和务实理性的生活态度与投资哲学,更要注重精神财富的传承。将这种教育观融入家庭教育中,可以培养孩子优秀的品质和能力,让他们在未来的人生和事业中取得成功。

4.2 通过结交优秀的人,高效学习,快速成长

巴菲特不止一次向外界表示过:"在我的血管里,百分之八十流淌的是格雷厄姆的血液。"他一直认为:想成为最优秀的人,就要向最优秀的人学习。作为曾经的世界首富,巴菲特不仅善于读书,更善于交际,他深知与卓越者同行,就能将自己的根深深扎进知识和经验的肥沃土壤。

在巴菲特创立的伯克希尔·哈撒韦公司中,他凭借自己所结识的业界翘楚如查理·芒格等人的智慧的合力,推动了公司的发展;而在家庭育人的花园里,巴菲特教导子女真诚交友、勤奋求知,助力他们在人生的道路上快步向前,硕果累累。

◆ 吸引力法则一：不断学习，打破界限

成长的道路往往曲折，但若沉下心来观看，处处都是风景。巴菲特从小就喜欢看书，也正是因为喜欢看书，巴菲特结识了他一生的良师。

被哈佛大学拒绝，开启人生新阶段

1947年，17岁的巴菲特高中毕业，当时他已经有几千美元的创业资金，而且他也掌握了一些投资领域的理论与实践知识：一来，他阅读了大量书籍；二来，他已经有了一些投资的实操经验。对于高中毕业后的生活，巴菲特充满动力与干劲，他不想上大学，觉得读大学的那几年只会耽误他的时间。而父亲霍德华却不这么认为，尽管儿子十分出色，但是放弃上大学实在不是明智之举。在父亲的劝说下，巴菲特选择进入大学继续深造。

在从宾夕法尼亚大学毕业后，巴菲特想去哈佛商学院进修，他信心满满，对自己在投资方面的天赋非常自信，认为自己一定可以成功。但在面试时，他还没有机会展示自己的投资心得就被考官拒绝了。当时巴菲特年纪尚小，考官以此为由拒绝了他的申请，让他过几年再来。

原本胸有成竹的事情突然发生意外，巴菲特受到了很大的打击，就连父亲霍德华对这个结果也有些吃惊。但巴菲特没有就此一蹶不振，霍德华鼓励他继续试试其他学校，很快，巴菲特就有了收获。

当时,巴菲特正巧读过《聪明的投资者》和《证券分析》这两本书,前者是哥伦比亚大学的本杰明·格雷厄姆所著,后者是本杰明·格雷厄姆和哥伦比亚大学商学院当时的教学副院长戴维·多德合著的。这两本书将投资的理念娓娓道来,让巴菲特收获颇丰。而巴菲特正在寻找的目标学校中正好有哥伦比亚大学。巴菲特当机立断,给哥伦比亚大学写了一封申请信,信中表示了自己对投资领域的喜爱。

幸运的是,这封信最终被送到了多德的手中。后来,巴菲特顺利进入哥伦比亚大学,学到了在投资市场中最基础、最系统的知识,为他成为一代股神奠定了基础。

学习是一个持续不断的过程,无论是通过正式教育还是自我学习,都能够帮助孩子们成长。在父亲的引导下,巴菲特没有放弃学业,在被哈佛大学拒绝时,父亲没有责备巴菲特,而是鼓励他坚持下去,不要自暴自弃。最终,在一系列的机缘巧合之下,巴菲特进入了哥伦比亚大学,并成为格雷厄姆的学生,学习到了与投资相关的专业知识。格雷厄姆亦是投资界的翘楚,作为他的得意门生,巴菲特同样收获了许多投资方面的资源,为他未来事业的发展添砖加瓦。

◆ 吸引力法则二:真诚待人,建立信任和友谊

真诚是建立信任和友谊的基础,也是孩子成长和发展的重要品

质。巴菲特在投资和家庭教育领域的成功很大部分原因都源于他与别人建立的信任关系和真诚待人的态度，从而赢得了投资者和合作伙伴的支持。

与天才少年的偶然相遇

虽然巴菲特不太喜欢出门，但是他的朋友却非常多。与世界知名富豪比尔·盖茨的相遇，就十分有戏剧性。

1991年7月初的一个周末，在一场普通的宴会上，巴菲特与比尔·盖茨第一次见面。

开始，比尔·盖茨并不情愿来参加这次宴会，但他的妈妈知道这样的机会可不多，在妈妈的多番劝说之下，比尔·盖茨最终还是答应参加了。没人想到，这一次见面深深地将巴菲特与比尔·盖茨连接在一起，让他们成了挚友。

宴会上，巴菲特与比尔·盖茨聊了几句，双方便发现彼此都是不同寻常的人，而在某些方面，他们的观点又不谋而合，并且二人都如出一辙地真诚。

后来，比尔·盖茨说，在他认识的人之中，能够对商业了解得如此透彻的人，除了巴菲特，没有第二个人。

巴菲特和比尔·盖茨因为双方的真诚和共同的观点，最终发展出一段维系几十年的深厚友谊。

真诚待人是建立良好人际关系的基石。无论是与家人、朋友还是同事相处，真诚的态度都能够赢得他人的信任和友谊。在教育孩子的过程中，父母应该教育孩子真诚待人，用心经营人际关系。

在人际交往中，家长应该教育孩子，保持谦逊的态度，不断向他人学习，不断丰富自己。这样可以让友谊持久保鲜，不断焕发出新的活力。

生活从来不会为难想努力奋进的人。其实，无论是巴菲特与朋友们的深厚友情，还是巴菲特的企业经营之道，都在告诉各位家长：孩子向优秀的人虚心求教、真诚分享，他们在此过程中能够迅速地成长。

4.3 善用"择时"原则，辨识诱惑，巧避危机

在投资界，巴菲特的名字与智慧的"择时"策略紧密相连。这位传奇的投资大师不仅在商业世界中运用"择时"原则取得了巨大成功，他还将这种深邃的洞察力和决策智慧融入对子女的教育中，为他们的人生道路铺设了坚实的基石。

◆ "择时"原则一：找准时机，迎难而上

巴菲特的投资智慧体现在他对市场情绪的独特把握上，巴菲特一直强调投资者应该找准时机，迎难而上。当大多数人贪婪时，他保持警惕；当大多数人恐惧时，他勇往直前。那句广为人知的投资格言——"在别人贪婪时我恐惧，在别人恐惧时我贪婪"，完美诠释了巴菲特的"择时"艺术。

迎难而上，在别人恐惧时我贪婪

1964年，当伯克希尔·哈撒韦公司还是一个濒临破产的纺织厂时，多数投资者对它避之不及，但巴菲特却独具慧眼，看到其背后的价值和潜力。他在伯克希尔·哈撒韦公司的股价被严重低估之时，果断出手，取得了该公司的控制权，经过多年经营，成功将其转型为全球最大的多元化投资集团之一。

同样，2008年，全球金融危机爆发，市场陷入一片恐慌之中，投资人的信心跌至谷底。许多公司的股价暴跌，甚至到了破产的境地。然而，就在这个时候，巴菲特却开始大举买入。他看到了许多优质公司因为市场恐慌而被严重低估，果断出手，大量买入这些公司的股票。结果证明了他的决策是明智的，随着市场的逐渐复苏，这些公司的股价也大幅回升，巴菲特因此获得了丰厚的回报。

迎难而上，在别人恐惧时贪婪。当市场陷入恐慌，大多数人因为害怕损失而纷纷抛售股票时，巴菲特却看到了机会。他深知人们的恐慌往往是由过度的悲观情绪引发的，而这种情绪往往会导致市场出现超卖现象，这种现象却为有远见的投资者提供了绝佳的买入机会。

作为家长，我们要教给孩子的不仅仅是知识和技能，更重要的是面对困难和挑战的态度。我们要培养他们迎难而上的勇气，让他们在面对困境时，能够保持冷静和理智，不轻易放弃，更不随波逐流。

找准时机，在别人贪婪时我恐惧

在互联网泡沫时期，许多投资者都被互联网公司的高速增长和巨大潜力吸引，纷纷涌入这一领域。然而，巴菲特却对这一热潮持怀疑态度。他认为许多互联网公司的股价已经远远超过了它们的实际价值，市场炒作的成分太大。因此，他选择在这一时期保持谨慎的态度，没有盲目跟风。结果证明了他的判断是正确的，互联网泡沫最终破灭，许多投资者遭受了巨大的损失，而巴菲特却成功地避开了这一陷阱。

巴菲特明白，当市场情绪高涨，人们普遍表现出对投资回报的过度乐观和贪婪时，往往会导致很多公司的股价被高估，风险随之积累。在这个阶段，多数投资者会盲目跟风，追逐短期利益。而巴菲特深知，在市场的非理性繁荣背后，往往隐藏的是泡沫破灭的风险，自己需要保持冷静和警惕。

巴菲特能够准确地判断市场的走势和市场情绪波动，从而在别人贪婪时恐惧，在别人恐惧时贪婪。这种"择时"原则不仅帮助他成功地避开了市场的陷阱，也使他能够在危机中发现并抓住宝贵的投资机会。

作为家长，我们应该教导孩子如何正确看待贪婪和恐惧。贪婪可能导致冲动和不理智的行为，而恐惧可能导致过度谨慎而错失机会。贪婪和恐惧只是人的情绪反应，我们应该教导孩子认识事情的不确定性，从而权衡利弊，并做出理性、明智的决策。

◆ "择时"原则二：独立思考，分步达成目标

从小，巴菲特就喜欢读书，他常常沉思，并且为自己定下了长大后要成为大富翁的宏大目标。不管做什么事情，"择时"策略都很重要，而拥有独立思考的能力则是可以运用"择时"原则的前提。在分步达成目标的过程中，"择时"原则的运用也很重要。

独立思考

巴菲特的父亲霍华德是一名股票经纪人，他经常带着巴菲特去办公室。耳濡目染之下，巴菲特经常接触股票和证券交易。父亲一直注重培养巴菲特的独立思考能力，在巴菲特开始自己投资时，并没有盲目跟随父亲的脚步，而是在父亲的教导下独立思考，寻找自己的投资之路。

巴菲特从小就对数字和商业有着浓厚的兴趣，他经常研究股票图表和数据，试图找到投资的机会。在他遇到问题时，父亲不会告诉他正确答案，而是给他一个方向，让他自己去寻找答案。他的独立思考和分步完成目标的习惯，让他在小时候就展现了与众不同的投资天赋。

巴菲特的投资哲学是"价值投资"，即通过深入研究公司的基本面，评估其内在价值，并寻找市场价格与内在价值的差异，从而找到被低估的股票。这种投资哲学让巴菲特在投资市场上独树一帜，也让他成为全球最成功的投资者之一。

成为大富翁

要成为大富翁,巴菲特可从来都没有开玩笑,他一直在朝着这个方向努力。

少年时期,巴菲特就设定了自己赚取第一桶金的目标,并通过送报纸、购买弹子球机出租获取租金以及投资农场等方式逐步积累财富。

长大以后,听从父亲的意见,巴菲特去大学学习,积极学习与投资相关的金融知识,为未来商业王国伯克希尔·哈撒韦公司的成功奠定基础。

巴菲特的成功并非偶然,是他坚持独立思考、分步完成目标的结果。在经营企业时,他也总是能够发现问题的本质,做出正确的决策。作为家长,我们需要辅助孩子学会独立思考,制定清晰的目标和计划,如此方能离成功更近一些。

◆ "择时"原则三:辨识诱惑,巧避危机

巴菲特的成功并非完全归功于精准的投资眼光,还得益于他独立思考的能力和对诱惑、危机敏锐洞察的能力。这种独特的"择时"原则不仅体现在把握投资良机上,更表现在及时识别并避开潜在风险上。

在巴菲特的成长经历中,父亲霍华德的正直品格和谨慎投资的态度对他产生了深远影响。在父亲的影响下,巴菲特正直讲诚信。

父亲霍华德以正直的品格和审慎投资的态度给他树立了榜样，使他在成长过程中深刻理解了金融市场中的不确定性与风险。他深知，其实人生和投资一样，充满了各种诱惑和危机。只有学会辨识并避开这些陷阱，才能在复杂多变的环境中稳健前行。

父母的言行往往会对孩子的人生观产生深远的影响。教育孩子正直诚信，并教会他们如何在充满不确定性的环境中保持清醒的头脑，敢于拼搏、巧避危机，已然成了如今家长们的又一责任。

其实，无论是在别人贪婪时我恐惧，还是在别人恐惧时我贪婪，这些都是巴菲特对于"择时"原则的理解与运用。

作为家长，我们可以更加着重于培养孩子的独立思考能力、理性判断力、建立长期目标的能力以及耐心和毅力，这些品质将有助于孩子在未来的人生和职业发展中取得成功。

4.4 巴菲特：当明白这点时，我才开始变得富有

我们无法决定自己的出身，但是能决定自己的未来。未来发生的一切都取决于我们的选择，取决于我们如何把握生命中出现的每一次机遇，如何面对生活中的每一次挑战。

作为"股神"，巴菲特几乎精准地捕捉到了每一次的投资机遇。他凭借自己对投资的独特洞察力和无比坚韧的决心，顺利通过了生活中一次又一次的挑战，被誉为"奥马哈的先知"。

巴菲特是从何时开始变得富有的呢？其实，就是从他做到以下几点开始。

◆ **富有法宝一**：成功需要坚持

巴菲特深知，投资是一场马拉松比赛，而非短跑比

赛。无论是巴菲特的投资生涯,还是巴菲特的成长生涯,都很好地印证了这一点。

人生的积累就像滚雪球

曾经有人为巴菲特立传,书名就叫做《滚雪球:巴菲特和他的财富人生》。

这本书曾援引巴菲特说过的话:"只有找对了雪地才可以滚雪球,我就是这样做的。我所指的不仅仅是赚钱方式,在认识世界、结交朋友的时候同样如此。我们一生中要面临诸多选择,要争取做一个受欢迎的人,其实就是让自己的雪球在雪地上越滚越大,最好是一边前进一边选择积雪皑皑的地方,因为我们不会回到山顶重新开始滚雪球,生活正是如此。"

从小,巴菲特就有要成为富翁的理想。

十几岁的时候,巴菲特在爷爷的商店里打工,空闲的时候就找爷爷进货,买一些汽水,然后再卖给路人与邻居们。

长大一些后,巴菲特开始给别人送报纸。可别小瞧这份工作,通过对路线的研究与熟悉,巴菲特很快就可以同时送多份报纸,并被誉为当地的"超级报童"。

再后来,巴菲特与小伙伴合伙做生意,在理发店出租弹子机,他们的生意越做越大。再加上巴菲特送报纸的收入，他攒下了几千美元，攒下了他最开始的那个"小雪球"。

大学毕业后，巴菲特系统地学习金融知识，拜入著名金融学家格雷厄姆的门下。学习到了系统的投资方式，他逐渐成长为投资界的天才少年，一手打造了伯克希尔·哈撒韦商业帝国。

成为富翁从来不是一蹴而就的，需要长期的积累和坚持。就像滚雪球一样，起初的小小雪球在雪坡上缓缓滚动，那个小雪球看似微不足道，但随着时间的推移，雪球越滚越大，滚雪球的速度也越来越快，最终就可以形成一个巨大的雪球。

巴菲特的成功并非偶然，这是他长期不懈努力和坚持的结果。他的父亲从小就培养他的商业头脑和投资意识，培养他对数字的敏感度，而他自己通过不断学习和实践，逐渐形成了独特的投资哲学和方法论。他善于抓住市场机遇，勇于冒险，但又不失理性和谨慎，这些都是他成功的重要因素。

复利原则

根据多年的学习与实践经验，巴菲特总结了一套自己的投资原则，这与他的"滚雪球"理论息息相关。巴菲特遵循复利原则，在这套财富体系里，虽然初始的投资金额并不大，但只要给予足够的时间，并且保持稳定的年回报率，那么这一小笔钱就会像滚雪球一样,越滚越大,最终形成惊人的财富。这就是复利原则的魔力所在,也是巴菲特投资哲学的核心。

同时,巴菲特也强调长期持有和价值投资的重要性,他认为找到优质的企业,并以合理的价格买入其股票并长期持有,就能充分利用复利原则,实现财富的快速增长。他并不追求短期的暴利,而是坚守长期主义,通过时间的力量,让资金在复利法则下自然增长,从而实现了从平凡到非凡的财富跳跃。

其实,复利原则与"滚雪球"原则并不仅仅适用于投资领域,它同样能够指导孩子们的成长、知识积累以及品格塑造等各个层面。孩子们如果能够持之以恒地积累知识、提高技能水平以及培养良好习惯,那么这些优秀的能力与品质也会像投资的复利一样,随着时间的推移而产生指数级的增长,"雪球"就会越滚越大,助力他们在各自的人生道路上越走越远,最终走向成功。

◆ 富有法宝二:兴趣是最好的老师

兴趣一直是人们学习最好的老师,找到自己真正热爱且了解的事物进行投资或从事相关的职业,往往能够给人带来持久的动力与超出预期的成功。

美食不离身的股神

巴菲特的投资既有风险与残酷,也有快乐与甜蜜。

在投资时，巴菲特不仅关注企业的基本面，还关注企业的文化和品牌。企业的品牌和企业文化是企业的核心竞争力，是一家公司可持续发展的关键。

因为对美食的喜爱，巴菲特在投资时，总会特别关注那些他喜欢吃和喝的品牌。

因为对可口可乐的喜欢，通过周密的计算，巴菲特投资了可口可乐这家公司。他分几年买入了可口可乐股票，总成本约为十几亿美元。如今，这只股票为巴菲特带来了约为成本几十倍的收入，是投资史上极为成功的案例之一。

除了可口可乐，在投资事业上，巴菲特的目光总是离不开各路美食，麦当劳、喜诗糖果、百威啤酒（安海斯—布希公司）、亨氏等公司都赢得了他的青睐。据传言，投资百威啤酒，巴菲特只用了2秒的时间思考。

这些品牌，既满足了巴菲特的投资条件，能够为他带来利润，又满足了他对美食的兴趣，真可谓是一石二鸟。

无论孩子以后从事什么行业或领域，只有让他们真正热爱并全身心投入其中，才能发现其中的乐趣和价值，也更容易取得成功。巴菲特成功的背后，除了有较为全面的投资知识和足够的经验外，还有一个不可忽视的因素，那就是他对自己投资品牌的热爱和了解。这些投资不仅为他带来了丰厚的经济回报，更让他在享受美食的同时，感受到了以兴趣为目标投资带来的快乐与甜蜜。

◆ 富有法宝三：终身学习，终身阅读

虽然曾是世界首富，但是巴菲特的生活却一点儿也不奢侈。

> 巴菲特喜欢住在奥马哈小镇上，远离城市的喧嚣，将这里作为自己思考和决策投资方案的大本营。他每天的生活很规律，大部分时间都用来阅读和学习，他的身边并没有充斥着奢华派对或高端的社交活动。与投资者的身份相比，他反而更像一位沉浸在知识海洋中的学者。
>
> 每天清晨，当大多数人还在沉睡时，巴菲特早已开始了一天的学习之旅。书房是他的主要战场，堆满了各类书籍、报告和金融资料。他坚信投资不仅仅是数字游戏，更是理解商业模式、预测行业趋势以及洞察人性的过程。因此，他的阅读清单涵盖了从经济学、会计学到心理学，再到企业年报、传记等各种内容的读物。

巴菲特坚持每天至少花费一个小时进行深度阅读和研究，每周共计五个小时，这个由本杰明·富兰克林提出的"五小时原则"让巴菲特受益匪浅。他不仅通过阅读获取信息，更是从中提炼精华，

从而形成了他独特的投资哲学。

对于巴菲特而言,终身学习已经内化为他生活的一部分,成为他成功的不竭源泉。这种对知识的渴望和对智慧的积累,正是他在投资领域取得非凡成就并保持竞争优势的关键所在。通过阅读与学习,他得以不断更新自己的认知边界,预见未来的商业格局,并做出精准的投资决策。

阅读一直是人们获取知识和智慧的重要途径。通过阅读,孩子可以了解前人的智慧,从中汲取经验教训,终身学习、终身成长。巴菲特的成功离不开他的阅读习惯,也正是这种习惯,使他能够不断更新自己的知识库,始终站在时代的前沿。

◆ 富有法宝四:认清自己,理性判断

在巴菲特的投资生涯中,他一直明白自己的能力范围在哪,并将自己的投资决策严格限定在自己熟悉的领域内。

> 20世纪70年代,报业市场竞争激烈,《华盛顿邮报》因报道"水门事件"而导致股价大跌,公司前景不明朗。然而,巴菲特却看到了这家公司的潜在价值。基于对报业的认识,他深入研究报业的行业趋势,分析了《华盛顿邮报》的市场地位、财务状况和管理团队。通过这一系列的研究,他确信《华盛顿邮报》未来具有长期增长

的潜力，而果断进行投资。

在这个过程中，巴菲特始终保持着理性判断。他没有被市场的短期波动影响，也没有被表面的财务数据迷惑。相反，他专注分析了《华盛顿邮报》的基本面，认识到这家公司的价值被市场低估了。他保持着清醒的头脑，作出了明智的决策。最终，巴菲特的投资取得了巨大的成功。《华盛顿邮报》在他和其他资金的支持下逐渐恢复了元气，成了美国报业界的佼佼者。

投资的道路不可能全然顺遂，巴菲特的成功离不开长久的坚持与理性的判断。在家庭教育中，家长也应该培养孩子们理性思考的习惯，让他们学会分析问题、辨别是非，在面对困难和挑战时做出明智的决策，并持之以恒，进而走向成功。

4.5 《巴菲特神秘俱乐部》：
共享富翁的财富秘笈

在寻求财富的路上，家长们不仅需要培养孩子们的勤奋与智慧，更需要培养孩子们的财商。这时，培养孩子的方法就显得尤为重要了。为了让孩子们更了解投资，巴菲特参与了《巴菲特神秘俱乐部》的录制，这是一部财智启蒙动画片，他还邀请了好友芒格、比尔·盖茨等人参与配音，让全球的人与各位富翁共享赢得财富的秘笈。

◆ **财商培养技巧一：选择一个好位置**

一个好的位置可以大大提高我们获得成功的概率，从而为社会创造更多的价值。

在《巴菲特神秘俱乐部》第 1 季第 1 集中，小主人公之一厉娜的朋友布列塔尼遇到了挑战，她摆摊售卖柠檬汽水，但是迟迟没有开张。

巴菲特首先表扬了布列塔尼想通过自己的努力赚取金钱的行为，然后向孩子们仔细解释想要卖出东西的首要原则是选好地址，在需要柠檬汽水客户的附近卖柠檬汽水。

之后，巴菲特还延伸到了学校的学习情况，他告诉孩子们在听课时也需要找到好位置，好的位置能够更方便听讲，也能够让他们在听课时更加专注，最终产生更好的学习效果。

"位置"不仅指实体经营中的选址策略，更暗含着在生活和投资决策中找准定位的重要性。就像在棋局中，落子的位置会直接影响后续棋局的发展，孩子们在成长的过程中要学会识别并抓住机会，在人生舞台的不同阶段找到最佳的发展路径。

◆ 财商培养技巧二：没有计划就等于失败

计划是行动成功的前提，有了计划，才能合理地分配资源、安排时间和任务。巴菲特认为无目标的行动就像船只在茫茫大海中航行没有罗盘，极易迷失方向。所以我们在教育孩子时，要教会孩子如何制订计划。

在《巴菲特神秘俱乐部》第1季第3集中，小主人公之一周安仔的朋友开了一家帮客户遛狗的公司，但是他却因为没有规划，犯了低级错误，记错了和客户约定的时间，导致在同一时间约了两位客户而放了其中一位客户的"鸽子"，甚至还因为收费太低，导致连自己家狗的狗粮都买不起。

巴菲特向孩子们分析道，周安仔的朋友在经营这项业务时，没有提前规划好服务不同客户的时间表，也没有合理的定价策略，这才导致公司的业务做得乱七八糟的。

要解决这一问题，首要的方法就是制订计划，根据目标完成任务。巴菲特强调了制订明确计划的重要性，他认为万全的准备和成功一样重要。

家长培养孩子们的财商时，要教导他们找到明确的目标，并制订详细的计划来实现这些目标。这样可以帮助他们在决策时更加迅速和自信，同时也能更好地应对各种挑战和风险。

◆ 财商培养技巧三：从错误中学习

在成长的道路上，每个人都有可能犯错误。

在《巴菲特神秘俱乐部》第1季第18集中，巴菲特以爱迪生发明电灯泡为例，向孩子们介绍了失败乃成功之母的道理。巴菲特讲解道，爱迪生在发明电灯泡的过程中，用了1000种不同的灯丝做实验。这意味着他至少失败了999次才获得成功，在这个过程中，他一直都没有放弃。之后，巴菲特又以美国总统林肯为例，向孩子们再次强调这一观点。林肯在成功当选美国总统时，已经失败过8次。

巴菲特告诉孩子们，如果有人成功了，那一定是因为他没有放弃。听完巴菲特的一番话之后，三个孩子各有所悟，开始了新的尝试。

投资之路充满坎坷，每个人都会犯错，关键在于如何从错误中吸取教训从而避免重蹈覆辙。作为价值投资的典范，巴菲特多次公开谈论自己曾经犯过的投资错误，并强调这些失误是他最宝贵的经验。

在家庭教育中，家长要鼓励孩子勇于尝试，并从错误中学习。教导他们在遇到挫折和失败时，不要气馁，而是寻找失败的原因并吸取经验教训，这将帮助他们在未来做决策时更加明智。

◆ 财商培养技巧四：学会合作

在提升财商的过程中，让孩子学会与他人合作是非常关键的。

孩子有了与他人互利互惠的概念后，就会更加懂得如何与伙伴共同经营项目或投资。

在《巴菲特神秘俱乐部》第1季第11集中，厉娜遇到了大麻烦，她最喜欢的果汁店因为无法负担营业开销，面临着将要倒闭的悲惨境遇，为此她感到非常难过，希望自己能够帮助这家果汁店。与此同时，周安仔也遇到了麻烦，他最喜欢的热狗店因为无法承担房租，也面临着将要倒闭的困境。

为了解决这两家店的问题，他们找巴菲特一起商量解决方案。厉娜提出，如果果汁店可以负担热狗店的房租，而热狗店能够负担果汁店的其他开支，那么这两个店应该就能够生存下去。

厉娜的提议非常好，巴菲特也对此表示赞扬，果汁店老板与热狗店老板一起开店的话，就可以优势互补。通过合作的方式，让这个店产生双倍的收益。

单打独斗往往难以保持持续的成功，投资时，我们可以与他人携手共进。巴菲特非常重视团队合作，他认为通过与他人分享经验和资源，可以实现共同收益更大化。对于孩子们来说，学会合作意味着学会倾听他人的意见、尊重他人的观点，这样就能集合团队中所有人的优势，从而达到团队的目标。

◆ 财商培养技巧五：价值影响价格

每一项投资、每一种产品或服务都有其内在价值，即它能为用户带来实际效益或满足用户的需求，产品的价值往往会影响产品的价格。

在《巴菲特神秘俱乐部》第1季第16集中，两个男主人公阮小磊与周安仔就到底是普通牌子的可乐还是大家熟知的著名品牌的可乐更好展开了辩论，现场的辩论情况很是激烈。巴菲特认为这个话题非常有趣，他和孩子们一起研究了著名品牌的可乐卖得贵却更畅销的原因。

巴菲特指出，第一个原因是因为著名品牌的可乐已经得到了顾客的信任，该品牌的可乐质量很好且品质稳定，客户不会对商品质量感到担心。巴菲特还指出，为了让消费者对自家品牌的可乐感到信任，他们公司会与超市合作，将商品放在超市更醒目的位置上，从而让这款产品成为客户第一时间的选择，甚至是唯一的选择。巴菲特还表示，这样的操作可能只适用于大公司，对于小公司而言，通过更便宜的价格才能在市场中取得优势，他们不需要在营销上花费更多的金钱。

巴菲特教导孩子们要透过市场价格的表象洞察企业的内在价值，明白价格会随着市场变化而波动，但企业真正的价值才是决定投资回报的关键因素。家长应该教导孩子在看待事情时，要学会以点带面、以小见大，于细节之处仔细分析，从而做出明智的投资决策。

没有人生来就知道如何积累财富，即使是天才如巴菲特也需要系统地学习。无论是选好位置、制订计划，还是学会合作，都离不开日积月累的学习。《巴菲特神秘俱乐部》中提炼出的一些培养财商的技巧，有助于家长们培养孩子的财商，帮助孩子们在理财的道路上走得更加稳健，更高效地积累和增值财富。

第五章
Chapter 5

【稻盛心法】
最好的教育，大智若愚

> 在《活着》这本书里，稻盛和夫说了自己的人生意义。"如果有人问我：'你为何来到这世上？'我会毫不含糊地回答：'是为了在死的时候，灵魂比生的时候更纯洁一点，或者说带着更美好、更崇高的灵魂去迎接死亡。'"

5.1 稻盛和夫：
真正决定孩子一生的，不是成绩，
而是人格教育

会影响孩子人生走向的，是什么？是优秀的成绩，是卓越的才能，还是出类拔萃的情商？不，这些都不是，真正影响孩子一生的，是人格教育。人格教育旨在培养孩子全面发展，使孩子成为优秀的新时代少年。

虽然受到战争的影响，稻盛和夫的家中十分贫困，但是他的父母给予了他健全的人格教育，使其最终成为声名赫赫的日本"经营四圣"之一。就让我们一同走入稻盛和夫的家庭世界，看看他是如何在父母的健全人格教育下，成长为日本的"经营之神"的。

◆ 世上没有两片完全相同的树叶，每个人皆有所长

正如世界上没有完全相同的两片树叶一样，每个人

都不一样，都有自己的长处。我们要发现自己的优势并通过持续努力将其发挥到极致，同时正视并改善自身的短处，这样才能实现个人价值的最大化，稻盛和夫在上大学的时候领悟了这一点。

纨绔子弟是我的老师

在鹿儿岛大学工学部应用化学科学习时，稻盛和夫遇到了一位出手阔绰，但是成绩不佳的同学。这位同学每天到处玩乐，从来不将心思放在学习上。

上大学以后，稻盛和夫的宗旨是一定要好好学习，毕业之后，再找份好工作，不辜负家中的期望。稻盛和夫认为那位同学游手好闲、不学无术，因此十分讨厌那位同学。

一天，那位同学热情地邀请稻盛和夫同他一起去玩弹子机，碍于那位同学的热情，稻盛和夫答应了他的邀请。

因为想早点回去学习，稻盛和夫玩的时候一直心不在焉的，很快就将弹子全部用完了。稻盛和夫环顾声音嘈杂的四周，心中烦闷不已，他找到了那位同学，说道："我已经输了，我要回去了。"但是那位同学不让稻盛和夫独自离开，很快，那位同学也结束了游戏，还赢了不少弹子。

游戏结束后，那位同学拿着赢来的钱请稻盛和夫和另外一位朋友铁五郎吃面条，面条里面还有两个鸡蛋。虽然现在看来，这样一碗面不算很丰盛，但在当时，这样的一碗面已经非常奢侈了。

这件事情让稻盛和夫改变了对那位同学的看法。回到宿舍,稻盛和夫开始反省自己,那位同学虽然成绩不好,但是他赢了钱之后还请朋友吃饭,和其他人也相处得非常好,看来是自己太浅薄了。以后,自己一定向这位同学多多学习。

后来,稻盛和夫常常与那位同学交往,如果遇到自己不懂的人际问题,也积极向那位同学请教,从中受益颇多。稻盛和夫常常会和自己的女儿们说起这位同学以及这件事情,他教育孩子们,每个人都有自己的长处,要学会发现自己的长处,也要学会发现别人的长处,并学习他们的长处。在教育自己的女儿时,他会关注三个女儿不同的优点,并根据她们不同的情况采取不同的培养方式。

在教育孩子的过程中,父母必须尊重每个孩子的个性化差异,发掘并培养他们各自的优势潜能。要摒弃"一刀切"的教育方式,根据每个孩子的特点进行有针对性的引导和培养。

同时,父母需要帮助孩子认识和接受自己的短处,并通过努力弥补自己的不足,实现全面发展。唯有这样,才能让每一个独一无二的生命绽放出属于自己的光彩,为社会贡献价值。

及时反思,乐观生活

情绪教育关乎如何培养孩子积极的心态和乐观的态度。在稻盛和夫的成长路上，他的哥哥总是能够帮助他建立积极的心态与前行的勇气。

背井离乡，逐梦前行

大学毕业以后，稻盛和夫就业于京都的绝缘子制造商松风工业公司，这份工作是在他大学教授的帮助下才找到的。稻盛和夫十分珍惜这份工作，也希望能通过这份工作发挥自己的价值。

但是松风工业公司当时已经岌岌可危，每月迟发或者分次发放工资已经成为常态。每天都做着单调、枯燥的工作，还要应对与家乡人完全不同性格特点的同事，这样的日子对于稻盛和夫来说并不容易，他常常觉得很压抑。

每当稻盛和夫感到孤单和难过时，他就会在夜幕降临后，走到宿舍后面的河边坐下，抬头望着天空。有段时间，无论是满天星斗还是乌云密布的夜晚，河边总能看到一个在静静地思考的身影。

在这片宁静之中，稻盛和夫常常想念远方的家，想念爸爸妈妈还有哥哥。为了让自己感觉好一点，他会轻轻地唱起家乡的歌谣或童年的歌曲。这些熟悉的旋律像是魔法一般，慢慢地将他心中的忧愁驱散。

通过这种方式，稻盛和夫学会了如何处理自己的情绪，变得越来越坚强。每次唱完歌后，稻盛和夫心中的痛苦和迷茫就会消散一点儿，心里会充满新的力量。他相信明天会比今天好一些，这样他就可以更加勇敢地迎接明天的挑战。

情绪教育对于培养孩子的积极心态和乐观态度至关重要。家长要教会孩子在困境和孤独的状态中，找到适合自己的处理负面情绪的方式。就像稻盛和夫在艰难的工作环境中，通过吟唱家乡的歌谣来缓解思乡之情和内心痛苦，从而让自己的心境豁然开朗，获得面对未来的勇气。

情绪教育不仅在于教导孩子如何处理负面情绪，更在于培养他们在面对困难时能保持积极、乐观并勇于坚持的态度。对于家长而言，理解和支持孩子的决定固然重要，但适时地激励和提醒他们坚守承诺、承担责任同样不可少。在孩子遭遇挫折时，家长不应让孩子轻言放弃，而应鼓励他们深入思考、审视自己的选择，发掘自身潜力，用实际行动去解决问题，从而实现自我价值。

◆ 勇于追求自己的梦想和目标

在父母的影响下，从小到大，稻盛和夫都是一个坚韧的人，无论遇到多么大的困难，他都会积极克服，达成自己的目标。

果断辞职，自主创业

在松风工业公司工作两年以后，稻盛和夫率领的开发团队作为一个新的部门——特磁科独立出来了，而他担任主管。当时，特磁科是公司唯一一个盈利的部门，发展态势很不错。但是不久后，松风工业公司换了新的社长,社长又更换了新的技术部部长,这位新部长对陶瓷业务一窍不通,还常常出言侮辱稻盛和夫。因无法再忍受这样的环境,稻盛和夫选择了辞职。在特磁科的一些同事和松风工业公司前任技术部部长青山政次的支持下,稻盛和夫开始了自主创业。

最终在极度困难的情况下,稻盛和夫凭借自身的专业技术和坚定的决心,与志同道合的朋友共同创办了京都陶瓷株式会社(1982年更名为京瓷株式会社,简称京瓷)。大家齐心协力,让公司发展得越来越好,稻盛和夫也实现了从一名普通员工到成功企业家的华丽转身。

其实,每个人都有能力实现自己的梦想,而实现梦想的关键就在于拥有明确的目标、不懈的努力以及面对挫折时永不言败的精神。作为家长,引导孩子们理解并树立这样的价值观,将有助于他们在未来的人生道路上自信地追逐梦想,勇敢地承担风险,不断挑战自我,创造属于自己的辉煌成就。

学习成绩固然能够在一定程度上反映孩子的学习能力和知识水平,但它不能决定一个人一生的成就。真正塑造孩子未来的,是他们的人格特质,包括正义感、向他人学习的精神、坚忍不拔的性格以及正确的人生观和价值观。在孩子经历了一系列正确的人格教育后,他们将会懂得尊重他人,拥有面对困难时解决问题的能力,以及获得持续提升自我的动力。

5.2 三项心灵的塑造法则：
最平凡的父母，也可以教育出非凡的孩子

每个孩子都像一张白纸，他们的成长和发展在很大程度上取决于父母的教育方式和家庭环境。即使是最平凡的父母，只要能够秉持正确的教育理念，采用科学合理的教育方法，也能培养出非凡的孩子。父母是孩子的第一位老师，他们的行为和思想对孩子的成长有着重要的影响。稻盛和夫的父母以身作则，身体力行地向稻盛和夫展示了如何做人，给予稻盛和夫正确的价值观引导，这才造就了日本的"经营四圣"之一。

◆ 心灵塑造法则一：真诚待人、拥有善良品质

在稻盛和夫的家庭教育中，真诚待人一直深深植根其中。

在稻盛和夫小时候,他的叔叔从外地回家,但那位叔叔患上了在当时被视为绝症的肺结核,健康状况十分糟糕。和叔叔睡在一起的稻盛和夫被叔叔身上的虱子叮咬了,导致稻盛和夫也被传染了肺结核。肺结核是一种传染病,在当时几乎不能被治好。稻盛和夫的多个叔叔和亲人就是因为肺结核而去世的。

虽然在父母的照顾下,叔叔的病情好转了,但是稻盛和夫还是非常害怕,他常常想自己是否也会像曾经患有肺结核而去世的叔叔们一样病情逐渐加重,然后慢慢地越来越瘦,最终病死。

在某一天,稻盛和夫在家发着烧,整个人萎靡不振时,隔壁的租客太太告诉稻盛和夫,她那里有一本书,内容有点难,但是她希望稻盛和夫可以看一看。稻盛和夫向邻居太太道了一声感谢,然后接过了她手里的书,这本书的书名是《生命的实相》,是当时的一个有名的杂志主办人写的。

稻盛和夫没有听说过这本书,但是在当时的状况下,这本书就如同他的救命稻草,他很快就将这本书看完了。书中讲,每个人的心中都有一块磁铁,它可以将周围的负面能量吸引过来。基于这本书的理念,稻盛和夫慢慢地意识到了心灵的力量。

看完这本书,稻盛和夫原本焦灼不安的心情慢慢地平静下来了。等到叔叔的病情越来越严重时,父亲让母亲不要照顾叔叔了,但父亲本人仍无微不至地照顾着叔叔,幸运的是,父亲一直都没有被传染肺结核。

这个时候,稻盛和夫才意识到,父亲是多么伟大,父亲的善良与真诚并未因恐惧和困难而被人削弱丝毫。父亲的行动教会了稻盛和夫,真诚待人并不仅仅是只针对健康、平安之人,更是要在他人身处困境、面临生死考验时,坚守道义,勇敢地伸出援手。这种善良的品质源自对生命的尊重。

稻盛和夫从父母身上看到了对待生命的态度:无论何时何地,都要尽己所能地去爱护、关怀他人,真正的伟大是面对困难时所展现出的人性光辉。那是一种无私奉献的精神,一种敢于直面生活困难的决心,以及对每一个生命尊严的坚守。这样的家庭氛围不仅让稻盛和夫拥有了坚韧的性格,也培养了稻盛和夫以真诚和善良对待世界的博大胸怀,这对他日后的成功和获取的非凡成就起到了决定性的作用。

◆ 心灵塑造法则二:积极行动,走出苦难的陷阱

稻盛和夫的家庭背景并不显赫,他出生在日本鹿儿岛的一个普通家庭。鹿儿岛曾经是一个经济繁荣的地方。然而,随着战争与经济的衰退,鹿儿岛陷入了困境。稻盛和夫的家庭也遭受了巨大的打击,一度陷入了破产的边缘。面对困境,稻盛和夫的父母没有放弃,而是齐心协力,共同努力改变现状,他们的言教身传也一直影响着稻盛和夫。

起早贪黑的奋斗生活

二战以后,日本作为战败国变得非常的贫困,经济状况十分低

迷。因此，家家户户的日子都不好过，稻盛和夫家尤其如此。

为了改善家中的条件，稻盛和夫的母亲将自己的和服拿到黑市上卖掉，换来了一些米。而稻盛和夫的父亲则去黑市卖盐，他出售的盐是自制的，主要通过蒸发海水的方式提取，用一些废木料当燃料，有时候会有人专门来他家买盐，有时候稻盛和夫的父亲则会将这些盐拿去换一些食物，例如大米或者番薯。

稻盛和夫和哥哥也没有闲着，为了改善家中的情况，他们偷偷开始酿造烧酒。酿造烧酒的工序比较繁琐，但是稻盛和夫与哥哥从未抱怨过。烧酒的味道浓烈，且极易扩散，为了不让别人发觉酒的味道，稻盛和夫与哥哥总是在夜间酿酒。所幸他们的努力没有被辜负，稻盛和夫与哥哥酿造的烧酒味道格外好，卖出的价格也十分不错，达到了他们想要补贴家用的初心。

在这样艰苦的环境中，稻盛和夫一家人积极行动，他们以不屈不挠的精神和实实在在的努力，共同抵抗他们遇到的困难。这种经历不仅磨砺了稻盛和夫的意志力，也塑造了他日后在面对困难时坚持到底、永不言败的人生态度。

这些艰难岁月中的点滴积累，让稻盛和夫深刻明白成功的不易，并珍惜自己所得的重要性。稻盛和夫一生都在倡导并践行"付出不亚于任何人的努力"，他从父母身上学到了勤劳和坚韧，从自身的经验中体会到了努力的重要性。无论是在个人事业还是在社会责任上，稻盛和夫都以身作则，鼓励他人勇于面对困难，积极采取行动，从而走出人生的低谷，创造更美好的未来。

◆ 心灵塑造法则三：幸福是培育美好心灵的沃土

稻盛和夫觉得幸福是指内心深处对生活点滴美好的感知与感恩。尽管他的家庭经济状况一直不太好，所处的社会环境又动荡，但父母始终以积极乐观的态度面对生活，他们用行动教会了稻盛和夫如何在困苦的生活中感受幸福，并从中汲取能量。

生活总有一点甜

在稻盛和夫的童年里，并非全都是硝烟与炮火，也有父母给予的美好回忆。

> 稻盛和夫小的时候没有什么朋友，他总是和自己的哥哥玩。他们最喜欢去河边抓鱼，稻盛和夫哥哥的动作非常灵活，每次都能用渔网抓住鱼虾，而稻盛和夫却不一定能够抓到。抓完鱼虾后，哥哥就会提着桶带着稻盛和夫回家，然后把鱼虾全部都煮好，和稻盛和夫一起快乐地大吃一顿。在稻盛和夫的记忆里，河水是甜的，空气是清新的，草地是翠绿的，这份记忆是令他喜悦的。
>
> 每当他们一家人遇到一个难得的假期的时候，就会全家人前往樱岛摘枇杷。樱岛非常漂亮，漫山遍野都是漂亮的枇杷树。每次他们去的时候，稻盛和夫都会摘很多的枇杷，先填饱自己的肚子，然后再将背包装满。

如果遇上什么节日,例如过年的时候,稻盛和夫一家就会举家前往河头温泉游玩。温泉是孩提时的稻盛和夫最喜欢的地方之一。在这里,他们可以吃到美味的鸡素烧。在当时的日本社会,这已经是难得的美食了。而小小的稻盛和夫正是在这样的美好童年中慢慢长大,成了正义感满满、乐观的小小男子汉。

这些看似平常的生活点滴,如同阳光雨露滋养着稻盛和夫幼小心灵中的幸福种子。每一次哥哥无私的分享、每一场与大自然亲近的游戏、每一次家庭欢聚的时光,都在潜移默化地塑造他乐观、坚强的心理状态。父亲、母亲的无私付出和对生活的热爱,更为稻盛和夫诠释了何谓平凡生活中的幸福。

稻盛和夫在享受那些甜蜜时光的同时,也学会了珍惜、感恩和分享。尽管生活并不富裕,但家人间的相互扶持、兄弟之间的互助友爱,以及对自然环境的敬畏和欣赏,都成为他日后形成"知足之心"的重要来源。这分由内而外生发出来的幸福感,逐渐塑造了稻盛和夫乐观积极的人生态度,使他在面对人生种种挑战时能够坚守信念,保持对生活的热爱,并将这种情感传递给周围的人。

其实,不论家族环境如何,父母只要用心去关爱、教育和引导孩子,用智慧和爱心为孩子搭建一个健康的成长平台,那么每一个孩子都有可能成为非凡的人才。

5.3　学会自我管理：
向外诉求，不如向内生长

自我管理是每个人都应该学习和实践的生活哲学。在稻盛和夫的理念中，自我管理法则包括自我反思、以心为本、培养内在品质和鼓励个人发展等方面。

> **自我管理法则一：自我反思，进步的序曲**

稻盛和夫常常会自我反思，在面对问题时，他经常通过这个方法找到问题的根源并解决问题。这种常常反思自己的习惯成为他日后成功的基石。

冷漠的助手

稻盛和夫在松风工业公司工作的时候，有一个助手协助他做实验，这个助手头脑聪颖、做事灵活，稻盛和夫很是欣赏。但是这个助手和稻盛和夫的思维方式完全不一样，他们两个一个很理性，一个很感性。因此，稻盛和夫时常觉得这个助手对工作缺乏热情，毫不关心自己的工作成果，而助手觉得稻盛和夫的感情太过外露了。

一次，实验又成功了，稻盛和夫高兴地跳了起来，而这位助手却无动于衷。稻盛和夫忍不住对助手说，希望他能一起为成功感到高兴，可助手却有些不以为然，助手觉得一个男人的一生中值得让他开心得跳起来的事情并不多，他不明白稻盛和夫为什么要如此兴奋与激动，作为一个男人，他觉得稻盛和夫有些轻浮。

闻言，稻盛和夫没了方才的愉悦，一时之间无话可说。旋即，稻盛和夫又想到，作为一名助手，他这样与自己说话，太过于无礼了。稻盛和夫有些愤怒，反驳那位助手，告诉他不能这样想。因为他们做实验几乎每天都要重复一样的工作内容，本来就十分枯燥。好不容易实验成功了，他对此应该感到开心才是，并应该毫不掩饰自己内心的激动。这样，才能激发自己的积极情绪，让自己有勇气去面对新的挑战，在以后的研究工作中才有干劲。

说完这番话之后，稻盛和夫等待着助手的反应，但是助手似乎还是不能理解稻盛和夫的想法，这番对话也就无疾而终了。两年之后，助手离开了公司，稻盛和夫感到十分惋惜。

其实，稻盛和夫明白，那位助手和自己的想法并不一样，助手认为男性应该稳重，喜怒不形于色。但是他是一个跳脱的人，他喜欢和身边的人分享自己的喜悦。尽管稻盛和夫非常遗憾那位助手的离开，但是他也清楚，自己是留不住那位助手的。后来，稻盛和夫创立了京都陶瓷株式会社，他非常珍惜这种理性而又精明的员工，因为他们能让公司发展得越来越好。

当稻盛和夫遇到与自己思维方式不同的助手时，他首先感到愤怒和不解，但随后通过反思自己，他理解了对方，认识到每个人对待成功和困难的态度各有不同。尽管最终助手离开了松风工业公司，但这一经历让稻盛和夫学会了包容不同的价值观，并将此应用到了自我管理和团队协作中。

自我反思是推动自我进步的关键。面对与自己观念不同的其他人，家长要教育孩子学会深入思考、换位思考，并以此为契机进行自我调整与优化。

◆ 自我管理法则二：以心为本，以德发展

稻盛和夫以独特的"以心为本"哲学闻名于世。他的这一理念不仅深深地烙印在他所创立的京都陶瓷株式会社中，更体现在他对家庭教育与个人成长的深刻洞察上。稻盛和夫认为，真正的力量并非源于对外部环境无尽的诉求，而是源自内心深处的成长与锤炼。

身先士卒，以心换心

随着京都陶瓷株式会社的发展，公司规模不断扩大，稻盛和夫

新招了11位年轻人加入公司，他们都是高中学历，在公司磨炼了一段时间后，他们逐渐成长为公司的骨干。

但是，京都陶瓷株式会社毕竟与其他公司不同，作为一家刚刚创立的公司，京都陶瓷株式会社的制度并不完善，为了生存下去，员工们常常加班，条件非常艰苦。一开始，这群年轻人还勉强能够忍受，但是要长时间忍受这样艰难的环境，就没有那么容易了。

没多久，这群年轻人就联合起来向稻盛和夫提交了一份请愿书，要求公司保证未来会定期加薪和发放奖金，否则，他们就集体辞职。闻言，稻盛和夫很是意外，他记得在招入他们的时候就说过，公司的环境非常艰苦，需要大家一同努力来改变。可如今，他们才工作了一年就变卦了。稻盛和夫能理解他们，但是公司目前的状况也让他没有办法做出承诺。

因为与他们的谈判迟迟没有进展，稻盛和夫就将他们带回自己的居所，他租的房子就在公司附近。他与这群年轻人促膝长谈了三天，他们一个又一个地被他说服，选择留了下来，一同为公司的发展而努力。

与人交往时，我们要"以心为本"。在京都陶瓷株式会社初创时期面临困境时，员工提出加薪的要求，稻盛和夫没有简单妥协或者否决，而是通过真诚沟通、以身作则，向年轻的员工们展示了自己的决心和对未来的信心。

在教育孩子时，家长应坚持用心交流的原则，激发孩子内在的动力与信念，而非仅仅以外部的奖励来激励孩子。同时，也应注重培养孩子坚韧不拔的精神品质，让他们理解并明白要想取得成功，往往需要经历艰难困苦的磨砺。

◆ 自我管理法则三：培养内在品质，提升个人魅力

在自我管理和领导团队的过程中，稻盛和夫不仅坚持以高尚的德行严格要求自己，还以自身的经历影响着员工，创造了和谐发展的公司文化。

稻盛和夫坚信，领导者首先应是一个品质卓越的典范，只有这样的人才能赢得团队成员的信任与尊重，并激发他们的潜力与激情。为此，他在京瓷株式会社和KDDI电信公司的企业文化中注入了深厚的人文关怀，鼓励员工在面对工作挑战时，坚持原则、追求卓越，同时不忘以感恩之心对待他人，以此共同塑造一个充满正能量的工作环境。

此外，稻盛和夫还提倡通过持续学习、广泛阅读以及深度思考来丰富自己的精神世界，提升个人的智慧与情商，进而增强自己在人群中的影响力和感召力。稻盛和夫深知，一个人真正的魅力并非来自表面的光鲜，而是源自内心的丰富与善良，这样的人格魅力才能持久且深刻地影响周围的人。

家庭是塑造一个人人格的第一课堂，家长应着重培养孩子的内在品质，如诚实、勤奋、坚韧等，从而提升个人魅力，并影响其他人以实现他们的人生理想。

◆ 自我管理法则四：鼓励个人发展，促进社会进步

稻盛和夫深信，每一个个体的成长与成功都是推动社会整体进步的重要力量。他强调通过积极引导和支持个人发掘潜能、提升能力，并实现全面发展，进而激发整个团队和社会的创新活力。基于此，他提出了阿米巴经营模式，鼓励个人发展，促进社会进步。

阿米巴经营模式是将企业分成多个独立的小团体（阿米巴），每个阿米巴都有阿米巴长，每个阿米巴自行制订计划，独立核算。在阿米巴经营模式下，每个员工都会像企业家一样去思考、决策和行动，这不仅极大地提升了员工的工作效率和工作质量，也大大激发了员工的工作积极性和创造力，从而在实现了个人价值最大化的同时，有力地促进了企业的持续发展和社会经济的进步。

在稻盛和夫看来，每个人都有无限的潜能和独特的价值，他希望每个员工都能通过不断挑战自己，突破自己的舒适区，实现个人的发展。

作为家长，我们要鼓励孩子追求卓越，不断突破自我，最终才能使所有孩子们的力量汇聚成一股强大的社会推动力，共同推进社会的整体繁荣与发展。

5.4 善用这6个黄金法则,再复杂的问题也能"简单化"

在阿米巴经营模式之下,稻盛和夫还总结了六项经营法则,这六项法则从各个维度讲述了如何解决在经营企业时遇到的问题,它们被大众视为能助力企业成功的黄金法则。这些法则能够帮助企业的经营者看透复杂问题的本质,从而快速解决问题。

这些法则不仅帮助稻盛和夫在商业领域获得了成功,也帮助他以简单高效的方式处理家庭教育方面复杂的问题,让稻盛和夫对子女的教育也颇为成功。

◆ **黄金法则一**:付出不亚于任何人的努力

实践出真知,只有实实在在的努力才能换来实打实的成功。做任何事情时,稻盛和夫都推崇"付出不亚于任何人的努力"这个理念。他认为，无论做何种工作，面临何种困难，人们都应抱着极度认真的态度，倾尽全力去拼搏奋斗，通过不懈地努力和持续地付出达到自己的目标。

稻盛和夫知道，成功没有捷径，只有通过自身持续不断地努力才能收获真正的成果。在稻盛和夫小的时候，家中十分贫困，他深知每一分收获都来之不易。因此，他从小就努力学习，以期回报父母。

上大学以后，稻盛和夫不爱去参加社交活动，他夜以继日地看书。所幸稻盛和夫的努力并未被白费，他的基础知识学习得非常扎实，这为他后来在松风工业公司的研发工作打下了坚实的基础。

在京都陶瓷株式会社初创时期，公司面临客户资源稀少、资金短缺等重重困难。但稻盛和夫无所畏惧，他住在简陋的房子里面，在朋友们的支持下，筹集了资金，再带领团队夜以继日地研究开发新技术，最终让陶瓷技术取得了突破性进展，成功将公司推到了行业前沿。

无论是学生时代的苦读，工作期间的艰难研发，还是创业时期的永不言弃，稻盛和夫一直秉持着"付出不亚于任何人的努力"的信念，持续不断地学习和钻研，在逆境中打出了一副好牌。

因此，家长要教育孩子，无论是在学习还是工作中，只有通过持续不断的努力才能够有所收获。努力是实现目标的重要途径，只有通过"付出不亚于任何人的努力"，才能够超越自己，达到更高的境界。

◆ 黄金法则二：保持谦虚的态度，戒骄戒躁

稻盛和夫认为，一个人无论取得多大的成功或拥有多少财富与多高地位，都应始终保持谦逊低调的态度，对人、对事保持敬畏之心，不自满，不骄傲，也不浮躁。

在事业获取极大的成功后，稻盛和夫依然保持着谦虚的心态，他没有被自己的成就迷惑，也从未被名利迷惑。在65岁时，他在京都的圆福寺出家了。稻盛和夫倡导在工作和生活中要持续学习、反思和自我提升，看到自己的不足，积极向他人请教，这样才能不断汲取新的知识和经验，实现个人与团队的成长。

同时，稻盛和夫也强调，需要时刻保持戒骄戒躁的态度，不因一时的成功而沾沾自喜，也不因暂时的困难而慌乱失措。成功需要时间和努力，急躁和骄傲无法帮助孩子学会持之以恒。只有通过持续的努力和谦虚的态度，才能实现长远的目标。

◆ 黄金法则三：每天反省，不断改进

在稻盛和夫选择留在松风工业公司的那段时间，作为一名研究员，他每天的工作就是待在实验室里不停地做研究，每天都在思考如何突破实验的瓶颈，反省实验失败的原因。皇天不负有心人，稻盛和夫获得了颇佳的实验成果，这项技术给松风工业公司带来了不错的业绩，让稻盛和夫被公司的高层看重，最终得以设立自己的科

室——特磁科。

面对工作中的难题，稻盛和夫不仅以"竭尽全力、拼命工作"的态度坚守岗位，而且每日进行深度思考与自我反省，这才使他能在科研道路上持续突破瓶颈。在日常的教育生活中，家长应该鼓励孩子常常自我反省，改正自己的缺点，才能不断进步。

◆ 黄金法则四：活着，就要感谢

稻盛和夫是个懂得感恩的人，他认为应该对生活中的每一分幸运、每一次经历、每一个遇到的人都怀有深深的感激之情。

无论在哪里，都要念诵南无阿弥陀佛

在稻盛和夫四五岁时，他的父亲带他参与了"隐蔽念佛"。德川时期的萨摩藩打压净土宗，不允许藩内民众信仰净土宗，但虔诚的教徒们偷偷在深山老林集会，仍遵守相关的佛教仪式，这就是"隐蔽念佛"。后来针对净土宗的禁令虽被废除，但有部分地区的教徒们还是保留了"隐蔽念佛"的方式。

那一次，当父亲和稻盛和夫来到供奉的地方时，那里站着一位和尚，他正在念诵佛经。和尚的身后有许多小孩子，他们的神情都非常的虔诚。等诵经结束后，人们一个接一个地烧香叩拜，稻盛和夫也跟着做了一遍。和尚仔细地端详了稻盛和夫，随后对稻盛和夫的父亲说，

这个孩子没有什么问题，以后不要再带他来这里了。之后和尚又告诉稻盛和夫："孩子，你要记住，今生今世，无论你在哪里，你都要念诵南曼南曼（南无阿弥陀佛，鹿儿岛的方言读作南曼），谢谢。只要在你的有生之年坚持这样做就行了。"到家之后，稻盛和夫的父亲就要求稻盛和夫一定要按照和尚所说的做，稻盛和夫也坚持了下来。后来稻盛和夫还皈依到了佛教门下，成为僧人。

稻盛和夫从小就接触并深受感恩文化的影响。一位和尚教导他坚持念诵"南无阿弥陀佛"，并且时刻保持感恩的心，每日表示感谢。这一教导深深烙印在稻盛和夫的心中，并伴随其成长，最终成了他的核心价值观之一。稻盛和夫认为正是由于自己保持着一颗虔诚的感谢之心才成就了他的一生，也成就了京瓷株式会社。

"南无阿弥陀佛"的念诵不仅是稻盛和夫的宗教信仰的体现，更是他的人生哲学的实践。因此，无论处于何种境遇，我们都应该教导孩子保持感恩之心，感谢生活的点滴恩惠和每一次机遇，这有助于塑造孩子积极乐观的人生态度，让他们在生活中即使面对困难也能发现美好。

◆ 黄金法则五：积善行，思利他

积善行，思利他。稻盛和夫鼓励人们多做善事，多做对他人有利的事情。在管理企业时，他往往从别人的角度考虑问题，以利他之心，营造了不败的经营神话。

拯救日航

2010年，稻盛和夫在78岁高龄时接受了日本政府的请求，出任破产重建中的日本航空公司（JAL，简称日航）的会长。他担心自己无法全身心地投入日航的重组工作，因此不收取任何报酬。通过导入阿米巴经营模式、精简管理结构、提升员工士气和责任感，并将乘客利益放在首位，最终使日航扭亏为盈，并在短短不到三年的时间内重新上市。

稻盛和夫始终从他人的角度出发考虑问题，以实现公司、员工、顾客三方共赢和公司与员工共同发展的局面，这让他的内心感受到了利他的快乐。

培养孩子的利他之心以及承担社会责任的意识，有助于孩子们在未来的人生和事业中取得成功。

◆ 黄金法则六：忘却感性烦恼

人生如同一场修行，需要不断磨砺自己的品格。随着年岁的不断增长，稻盛和夫愈发深刻地体会到每一次挑战都是可以提升自我的机遇。

公关危机

创办京瓷后，稻盛和夫曾面临过一次严重的公关危机。当时京瓷生产了用特殊陶瓷做的人造骨和人工膝关节，这些产品可以帮助病人保住手脚。虽然经过多次临床试验，产品得到了厚生劳动省的认可，但是这些产品改变形状或者尺寸再生产时，需要重新获得官方许可。在医生们的要求下，他们没有得到厚生劳动省的许可就开始销售了。这件事被报道后，京瓷和稻盛和夫受到大众的广泛批评。这让稻盛和夫非常难过，每日坐立难安，心中痛苦万分。

为了让自己内心好受一些，盛和夫拜访了他的心理导师——西片担雪法师。他告诉法师自己遇到的问题以及内心的痛苦。法师静静地听完了他的故事，然后温和地劝说他。

法师的那些话像一道光一样照亮了稻盛和夫的心。他幡然醒悟，一直沉浸在过去的错误中是没有用的。重要的是要勇敢面对现实，找到解决问题的方法。就此，稻盛和夫彻底放下心中负担，重新振作起来。

从那以后，稻盛和夫更加努力工作，不仅解决了问题，还让京瓷变得比以前更加强大。他学会了如何在困难面前保持冷静，并且用积极的态度去应对挑战。

在成长过程中，孩子难免会犯错和遭遇挫折，可能会陷入痛苦和烦恼之中，我们不能让孩子一直沉浸在感性的烦恼里，而应引导他们像稻盛和夫一样勇敢面对现实。

家长应从小就树立起孩子正确的"逆商"，让他们认识到挫折和错误是帮助他们成长的机会，学会放下过去的负担，以积极的态度去寻找解决问题的方法，保持冷静，不断磨砺自己。

5.5　自我实现最快的四条路径

稻盛和夫以其独特的企业经营理念和个人成长哲学，不仅将京瓷株式会社和KDDI电信公司打造为业界翘楚，还成功挽救了日航，在全球范围内赢得了广泛赞誉。他是如何白手起家成为日本"经营四圣"之一的呢？在创业的路上，稻盛和夫有着明确的目标，他勇往直前，很快就小有成就。自我实现是人类成长和发展的关键，而实现这一目标的最快路径主要有四条，这四条缺一不可、相辅相成。

◆ 自我实现路径一：明确的人生使命与愿景

稻盛和夫认为每个人都应找到自己的人生使命。这不仅关乎个人的职业选择，更是对生活意义的深度探寻。

在京都陶瓷株式会社初创时期，稻盛和夫在面对重重困难时,坚定地提出了"成为世界第一"的宏伟目标,这一愿景成了凝聚团队力量、激发员工潜能的强大动力。

这个愿景不仅仅是一个商业目标,更是稻盛和夫对公司发展目标的坚定信念与对员工成长的深切关怀。他坚信,只有当每个人都有明确的人生使命,而企业的整体愿景能够得到全体员工的认同与追求,才能真正实现组织的高效运作和个人价值的最大化,这也是稻盛和夫创立阿米巴经营模式的初衷。

稻盛和夫强调个人对人生意义的深入思考和追求。每个人都要找到自己的人生使命,这是自我实现的根本前提。家长要引导孩子们明确自己的人生使命和愿景,这样才能更好地规划自己的人生道路。

◆ 自我实现路径二:面对困难,不失勇气

我们在生活和工作中难免会遇到各种挑战和困难,关键在于我们如何对待这些困难,因此,家长需要培养孩子们面对困难的勇气。

无论做什么,都要具备勇气

初中入学考试失败,大学入学考试失败,找工作时数次面试也失败,稻盛和夫度过了灰色的少年时代和青年时代。在创立京瓷初期,稻盛和夫更遭遇了巨大的挑战。

当他满怀信心地向日立、东芝、三菱等大公司推销京瓷的产品

时，只能接其他公司做不了和拒绝的订单。有些被别的公司拒绝的订单需要特定的设备，京瓷没有这种设备，稻盛和夫找有这种设备的工厂和工业试验场租借，在对方下班的时候去借，在对方第二天早上要上班前还回去。有些别的公司做不了的订单，是因为以目前的技术无法达到客户的要求，因此需要稻盛和夫研发新的技术。那段时间稻盛和夫白天管理公司，晚上做研发工作。就这样工作了几年后，京瓷逐渐走上正轨。

稻盛和夫没有被初期的失败和挑战吓倒，他选择了一条不同寻常的道路，最终取得了成功。这种不畏艰难、勇于开拓的精神，是他面对困难时的一贯态度，也是他成功的重要因素之一。

我们需要有直面困难、不惧压力的决心。只有具备这种精神力量，我们才能在危机中找到转机，在困难中不断成长。孩子在求学、工作和生活中，也需要有勇于担当、敢于挑战的精神，因为勇气是克服困难、实现自我价值的关键动力。

◆ 自我实现路径三：不断实践，深化体验

稻盛和夫深知，要想真正提升自己的能力和素质，只有在实践中不断体验、不断磨炼自己才行。

京瓷的成功

面对陶瓷材料研发中的种种困难，稻盛和夫坚持亲力亲为，带

领团队深入研究与实践，最终成功开发出一系列精密的陶瓷产品。他的"工作现场有神灵"理念强调员工在一线工作中需仔细观察现场的状况，不断地实践，从而找到解决问题的方法，这种理念使得京瓷从一家小企业发展成为全球领先的精密陶瓷制造商。

家长应该注重培养孩子的实践能力，鼓励他们积极参与实践活动，让他们在实践中不断成长和进步。

◆ 自我实现路径四：拓宽视野，心怀世界

想要成功，我们不能将视线仅放在单一的方面，而是要具备全球视野，关注并了解世界的发展趋势。

稻盛和夫将这一理念融入京瓷与KDDI等公司的全球化战略中。他鼓励企业积极拓展海外市场，吸收不同文化背景下的优秀经验和技术。同时，他也注重在全球范围内传播和分享他的经营理念，以期为全世界的企业家及领导者提供参考和启示。

稻盛和夫还通过设立"京都奖"，表彰在科学、技术和艺术领域做出卓越贡献的人士，进一步推动全球范围内的知识创新和文化交流，为整个人类社会的发展献出自己的力量。

晚年的稻盛和夫格外希望使用自己的力量帮助他人获得幸福，他不断超越个人和企业的边界，站在更高的角度思考问题，用更宽广的胸怀去接纳和影响世界。他在提升自我价值的同时，也为社会的进步做出了贡献。

家长应该鼓励孩子不断学习、扩大知识面，并且关注国际形势的变化，积极参与公益事业，让孩子拥有更加宽阔的视野，为未来实现自己的目标和梦想打下基础。

明确使命愿景、勇敢面对困难、持续实践以及开阔视野，这些都是能够促使孩子自我成长的方式，家长应该通过这些方式培养孩子，帮助孩子实现自我价值，成为更好的自己。

5.6 看似"愚直",实则"愈智":
极致的利他,才是最好的利己

稻盛和夫曾经说,自利则生,利他则久。虽然这种理念常常被不了解的人视为"愚直",但殊不知,这才是最好的"愈智",也是让自己成长的不二法门。

家长在教育孩子时,要多培养孩子为他人着想之心,这样我们的社会才会发展得越来越好。

◆ 黄金法则一:踏实肯干,不投机取巧

稻盛和夫始终相信,成功没有捷径,只有脚踏实地地努力工作,才能在激烈的竞争中脱颖而出。

在稻盛和夫小的时候,家里常常因为印刷厂的工作而忙得团团转。他们家的生意虽然很好,但是实际赚取的利润却并不多,因为加工费非常便宜。稻盛和夫的父

亲认为，没有必要把店开得很大，只要这个印刷厂赚的钱能够解决一家人的温饱问题，他就已经很满足了。稻盛和夫的父亲常常说，要踏踏实实地赚钱。家庭教育对个人价值观的塑造具有深远的影响，父亲踏实赚钱的理念被稻盛和夫内化为自己的行为准则，并最终体现在其创办的企业的文化理念和经营理念中，成为引导企业和员工持续发展的核心动力。

家长要教育孩子成功并不是一蹴而就的，而是需要脚踏实地地努力才能取得。无论是在孩子的学习生涯还是职业生涯中，持之以恒的努力和精益求精的态度都是取得成就的关键。

◆ 黄金法则二：敬天爱人，学会感恩

稻盛和夫认为，做人做事都要有一颗感恩的心，敬畏天地，关爱他人。在他的一生中，始终贯彻了这一点。"敬天"意味着尊重自然规律、顺应时代潮流，而"爱人"则是以人为本。

在经营京瓷时，稻盛和夫不仅关注产品的质量和技术的研发，还特别强调对员工的人文关怀，致力打造一个让每个员工都能发挥潜能、实现人生价值的企业。

在公司陷入困境的时期，稻盛和夫坚持不裁员。在稻盛和夫65岁那年，他宣布将自己所有的股份全部无偿分给了员工，让他们踏踏实实地感受到自己是企业的一分子。

家长要教育孩子学会感恩他人的付出和努力，学会尊重自然，培养同理心。除此之外，家长也要积极打造一个积极、健康、和谐

的成长环境，为孩子们的成长保驾护航。

◆ 黄金法则三：利他，是最好的利己

稻盛和夫用生命诠释了何谓"利他"思维，在他人有需要的时候，他常常是挺身而出的那一个。他始终把员工的利益放在首位，关心他们的生活和工作状况。

对于自己的管理经验，稻盛和夫也从来不吝啬与他人分享。他著有多本书籍，开展过无数场讲座，还创办了"盛和塾"，向全球企业家分享自己的经营理念和人生智慧，帮助众多中小企业主找到正确的经营之道。

正所谓赠人玫瑰，手留余香，稻盛和夫用行动证明了利他是最好的利己。真正的成功不仅仅是将个人利益最大化，还要对他人、对社会都有贡献。

家长应该教育孩子学会关心他人，培养他们的责任感与利他思维。无私的奉献往往能带来意想不到的收获，帮助他人也是帮助自己。

稻盛和夫的"愚直"是大智若愚，其中深藏卓越的洞察力和行动力。他用他的经验证明了极致的利他主义并非是牺牲自我，而是能够带来最长远、最稳定的个体利益与集体利益。

在家庭教育中，家长应该注重培养孩子的品德和关爱他人的能力，让孩子学习利他思维。只有这样，孩子们才能真正实现自我价值，为社会带来更多正能量。

第六章
Chapter 6

【马斯克思维】
天才还是疯子,
全在一念之间

> 只要站在足够高的高度去看待人生,教育理念会在瞬间改变。

6.1 亿万富翁的单亲妈妈：
最好的育儿经是提升自己

15岁成为模特，23岁结婚，婚后三年内生育了三个孩子，被家暴多年，31岁经历了离婚与破产，成为单亲妈妈，这才开启了她新的人生之路。

35岁时作为营养师实习生毕业，40岁时登上《时代》杂志封面，41岁时攻读博士学位，69岁时成为一个畅销品牌的代言人，一度登上纽约时代广场的四块广告牌，她就是梅耶·马斯克。她一个人培养出了三个优秀的孩子，每个孩子在他们的专业领域都是极为卓越的人物。

对于这位妈妈而言，最好的教育方法不是拼命地让孩子学习，而是不断地提升自己，然后影响孩子。

让我们来看看下面这四大法则，一同学习亿万富翁的妈妈究竟是如何养育孩子的。

◆ 育儿法则一：个性化教育

每个孩子都有自己独特的天赋和兴趣。梅耶·马斯克从不强迫孩子们走她觉得很好的道路，而是鼓励他们追求自己的梦想。埃隆·马斯克对技术的追求、金巴尔·马斯克的烹饪才华，以及托斯卡·马斯克的表演天赋，都是梅耶尊重他们的个性的结果。

三个兴趣不同的孩子

在梅耶·马斯克的自传《人生由我》中，讲述了许多孩子们小时候的故事。

在埃隆年幼的时候，他非常喜欢读书，什么书都喜欢读。而且他的记忆力非常好，只要是他看过的书，他都记得。正是因为如此，他还有了一个绰号，叫做"埃隆百科"。在埃隆12岁的时候，他得到了自己人生中的第一台电脑，很快他就学会了如何使用电脑，并自己编写了一个计算机游戏。当梅耶把这个游戏展示给自己在模特学校中的一些计算机系的大学生看的时候，他们都感到非常惊讶。

埃隆将这个游戏投给杂志，杂志果然将这个游戏收录了，还将500美元作为报酬寄给了埃隆，这一期的杂志在埃隆13岁的时候成功出版。梅耶不知道埃隆能够在计算机的道路上走多远，但是她尽力帮助孩子，让他能做自己喜欢的事情。

梅耶的第二个孩子金博尔在很小的时候就非常喜欢烹饪。他从

12岁的时候就开始管理一家人的三餐,并且为他们做饭,他做的饭非常好吃。为了买到合适的食材,他还经常和梅耶一起去买食物。每当吃到金博尔做的食物时,梅耶都会夸赞,她全力支持金博尔的兴趣。金博尔曾对梅耶说,他感觉自己不管做什么,她都会支持他。这让梅耶感到非常高兴。

梅耶的第三个孩子托斯卡是一个喜欢表演的小女孩。很小的时候,她就常常和梅耶挤在沙发上一起吃好吃的零食,看各种各样的电影,她喜欢演员们脸上丰富的表情。当托斯卡12岁的时候,她还接手了学校的戏剧俱乐部。后来,托斯卡成了一名导演。

梅耶观察和鼓励三个子女各自的独特天赋和兴趣,从不强加自己的期望给他们。在发现孩子们的兴趣之前,梅耶选择个性化教育,让他们自己探索,最终铸就了他们的成功。

父母应尊重每个孩子的个性差异,发现并激发他们的内在潜能,而不是按照既定模板去塑造孩子。父母应该关注孩子的兴趣,并提供相应的支持和资源,及时鼓励孩子,让他们能够发挥自己的特长。

◆ 育儿法则二:学会独立

很多人都喜欢按部就班、有规律的生活,但是梅耶·马斯克不一样,她的骨子里就流着绝不随波逐流、要遵循自己本心的血液。梅耶从小就被父母教育要自食其力,她将这个理念也带入了自己的教育方式中。

诊所里面的"小大人"

小时候,梅耶的父母就格外注重培养孩子的独立精神,当梅耶和她的双胞胎姐姐八岁的时候,梅耶的父亲就会让她们一起在家里的诊所里面帮忙,负责做一些力所能及的小事,例如邮寄月度宣传册。等她们大一些之后,开始在父亲的诊所里做接待员,工作时间是早上六点四十五到晚上七点半,或者是下午四点到晚上六点,梅耶和姐姐可以轮岗。她们需要做陪客户聊天、为客户泡茶、登记客户信息等工作。在那个年纪,她们就被父亲当成可以信赖的成年人来对待了。她们犯了错,父亲也不会责备她们,只是及时地纠正她们的错误。

受父母的影响,梅耶的性格非常独立,很少依赖别人,这种成长经历影响了她的育儿观念。作为一名职场女性,尽管生了孩子,梅耶也没有放弃自己的事业。在孩子还小的时候,她在家里工作,孩子大一点的时候,她请了一位保姆来照顾三个孩子。在家里的时间,孩子们就做自己喜欢的事情,也不会一直缠着妈妈。只有遇到困难了,才会找妈妈帮忙。

除此之外,三个孩子从小就开始在梅耶做营养咨询的地方帮忙,托斯卡用打印机来处理给医生们的信件,负责打出地址、电话号码等信息,而梅耶则负责填写诊疗结果或者其他建议。埃隆和金博尔则做其他的事情,例如处理打印机的故障。

真正的独立不仅仅是身体上的行动自由,更是精神层面的自主和坚韧。梅耶将这种独立精神融入育儿教育中,鼓励孩子们从小就学会自己解决问题、自我思考,这才让他们可以勇敢追求自己的兴趣与梦想。

◆ 育儿法则三:言传身教

父母的行为和态度对孩子的影响深远,梅耶始终以积极乐观的人生态度面对生活中的挑战和困难,给孩子们树立了良好的榜样。

31岁的时候,梅耶离婚了,成了一名单身母亲,而养育照顾孩子们则成了她的首要任务。梅耶生性好强,一直都在打拼,她必须给孩子们一个可以遮风挡雨的住所。那时候的梅耶每天都很忙,她甚至把一间卧室改成了办公室。

她的行为不仅为自己赢得了独立与尊严,也为孩子们树立了榜样,让他们看到通过自身的努力和坚持可以克服生活中的困难,更看到了母亲在面对困难时的乐观态度。

梅耶以身作则,为孩子们树立了正确的榜样,她教导孩子们要保持积极的心态,勇敢面对生活中的挑战和困难。她鼓励孩子们看到问题的另一面,在问题发生时,寻找一切机会和可能性去解决它,并相信一切都会变得更好。

在家庭教育中,父母应该注意自己的行为和态度对孩子的影响,并尽力做到最好,在潜移默化之中培养孩子的乐观心态,这将是他们成长为优秀个体的关键。

◆ 育儿法则四：冒险精神

梅耶的父亲曾经说过，没有他们家族做不到的事情。面对他们想做成的事情，他们总是拼尽全力、不顾一切，不管做任何事情，他们都会打起十二万分的精神来面对。

爱冒险的一家人

梅耶的父亲和母亲都爱冒险。梅耶的父亲一直想探索世界，为此，他们家还有一架没有无线电和GPS、只用帆布覆盖的小型螺旋桨飞机。在加拿大时，父母就会带着孩子们一起飞去别的地方游玩，这在当地是前所未有的。等到他们全家搬去南非，这种情况就更少见了，因此当地人都认为他们一家是疯子，甚至还有人叫他们"疯狂美国人"。

梅耶的父亲从来不在乎别人的看法，和梅耶的母亲一样，只要他想做什么，他就会立马行动。在梅耶5岁的时候，他的父亲借着参加一个会议的机会带着一家人游览非洲。后来，父亲又带着他们完成了一次又一次的飞行旅行。在那段时间，他们全家环游了60个国家。

有一次，父亲在一本书中看到作者找到了一个叫做失落之城的遗址。父亲对这个地方非常感兴趣，他想沿着作者走过的路线自己走一次，亲自去看看这个神奇的地方。

为了寻找失落之城，父母二人带上五个小孩去沙漠玩了三个星期。在这三个星期的时间里，他们所有的一切都是自给自足。在旅行开始之前，父母就已经做好了计划和分工，并备足了食物。母亲负责生活上的细节，而父亲则关注安全问题，负责修理汽车、用指南针寻找方向等等，孩子们则会在需要的时候给父母亲打下手。

无疑，沙漠之行是非常危险的，但是在他们精心而全面的准备之下，这趟旅行得以圆满结束。他们沐浴着阳光醒来，也欣赏了灿烂的银河。虽然没有找到失落之城，但是这段经历带给了孩子们一场精神洗礼。后来，父亲为了找到这座失落之城前前后后去了沙漠十二次，梅耶也跟着去了八次。

从小到大，梅耶的父母带着他们去过很多个国家，他们去过草原，也去过沙漠，见过世界的很多面。这些经历极大地拓展了他们的眼界，给了他们能够成为更好的自己的底气，让他们一直都拥有面对困难的勇气。

因此，在面对三个孩子的教育上，梅耶也深刻地实践了这一点。她鼓励孩子们去冒险、去探索、去追求自己想要的东西，从而成为更好的自己。

要培养优秀的孩子其实很简单。首先将自己变成一位独立、充满自信的大人，再以言传身教的方式，将乐观积极的力量带给孩子，身体力行地向孩子展示如何拥抱生活，这才是育儿的最佳秘诀。

6.2 第一性原理的思维方式，成功实现科学狂人的宇宙梦

亚里士多德说："在每个系统探索中都存在第一性原理。第一性原理是基本的命题和假设，不能被省略和删除，也不能被违反。"第一性原理是一种从最基本的事实和原理开始推导的方法。

作为一名"科学狂人"，埃隆·马斯克在太空、人工智能等领域都有着不俗的研究成绩。在这些研究里，我们都能看到埃隆对第一性原理的运用。

其实，第一性原理也能够运用到教育之中。就让我们一同走入埃隆·马斯克的科学世界，通过以下四大黄金法则，一同探寻成就"科学狂人"的秘密。

◆ 黄金法则一：找寻本质，尝试提出问题

埃隆·马斯克对第一性原理的理解始于探寻事物的本质与底层逻辑。无论是什么科技方面的问题，埃隆始终善于回归到最基础的科学原理，探索其可能性，最终提出方案。

降低SpaceX火箭制造成本

在SpaceX公司初创阶段，面对高昂的火箭发射成本，埃隆·马斯克并没有被行业现行的计算与设计方式束缚，而是回到基础物理学原理，计算制造与发射火箭时需要的成本。通过深入研究和分析，埃隆发现，许多传统火箭制造商沿用传统的设计和制造火箭的方法，导致了不必要的浪费。

于是，埃隆带领团队一直测试可重复使用的火箭方案，他们重新设计火箭的各个部分，包括采用可重复使用的部件，简化生产流程等，从而大幅降低了火箭的制造成本。最终，SpaceX成功实现了火箭的回收与再利用，这个技术也让埃隆·马斯克的身价暴涨。

一个好的问题往往能够激发人们思考，从而帮助人们找到解决问题的方法。通过明确问题的本质，埃隆发现了航天产业的高成本问题，并以此为基础提出了革新性的解决方案。在解决问题或探索

新领域时，要深入探究事物的本质属性和内在规律，而非仅仅满足于对表面现象的理解或者盲目接受既定规则。

家长要鼓励孩子敢于提出问题，然后以一种独立且有批判性的视角去反思和尝试，找到问题的本源，从而提高孩子各方面的能力。

◆ 黄金法则二：挑战现状，敢于创新

埃隆·马斯克向来不追求安稳平凡的现状。小时候，他就喜欢看科学类的书籍，探索未知的世界；长大后，他自己研发软件，和弟弟一起开了Zip2公司；后来，他的创意一个比一个妙，各种人类科技前沿的领域，他几乎都有涉猎。在埃隆成长的路上，创新就如同喝水一般重要与容易。

在隧道里面的宽敞大路

2016年，埃隆·马斯克在推特上面发文说："路上的堵车快把我逼疯了，我要造一个隧道掘进机，开始挖隧道。"很快，他就成立了一家公司，叫做The Boring Company（这里的"boring"是挖洞的意思）。The Boring Company专注于地下高速运输系统的研发和建设，传统的地面交通有拥堵、效率低下等问题，而地铁和轻轨等现有的地下轨道交通设施的建设和维护成本高昂。为此，埃隆提出通过创新的隧道挖掘技术，构建一个快速、高效且成本更低的地下立体交通网络。

他设想的"Hyperloop（超级高铁）"系统能够让车辆以极快的速度在地下管道中穿梭，从而大大缩短城市间的通勤时间，并缓解地面交通的压力。为了解决隧道挖掘成本问题，The Boring Company还研发了更高效的隧道掘进机，并提出用挖隧道获得的泥土制作砖块，用于建造低成本的住宅。

埃隆成功的关键在于不断学习新知识，敢于创新，以及超强的行动力。他在掌握新技术后就会立即将其应用于实践中，不断迭代优化。

面对任何问题，我们都不应满足于现有的答案或解决方案，而应该积极寻求改进和创新的机会。家长应鼓励孩子，让他们敢于质疑，不要困于现状，让他们用创新的视角审视世界，培养他们成为能够改变未来的创新型人才。

◆ 黄金法则三：系统性思维，全局规划

在看待问题时，埃隆·马斯克总是从整体出发，注重各个部分的关联和影响。正因为如此，他总是能够给出最具有全局观的方案。

太空探索项目

在SpaceX的目标中，埃隆·马斯克不仅关注火箭技术的发展，还考虑了与之相关的整个系统，如太空旅行、火星殖民等。为了实现火星殖民的目标，SpaceX着手研发了星际飞船，它是一种完全

可重复使用、重型的运载火箭。设计师在设计它时，不仅考虑了地球的轨道转移，还充分预想了它在火星表面着陆、返回地球等复杂环节。系统性思维会让我们全面地看待问题，不仅关注局部细节，还要把握整体情况。作为一名"疯狂的火星人"，埃隆·马斯克热衷研发各种与火箭相关的项目，并且将它们巧妙地连接在一起，构成了他的火星殖民计划的初步设想。

在教育孩子时，家长要培养孩子的全局视野，鼓励他们从整体的角度思考问题，考虑各个组成部分之间的相互影响。通过全面看待问题、综合分析各种因素以及全面规划解决方案，孩子就能更好地应对复杂的问题，从而得到更好的结果。

◆ 黄金法则四：量化分析，精准执行

在进行各项决策时，埃隆·马斯克不仅注重各项决策之间严谨的逻辑性，还会制订周密的计划。他总是运用科学的方法探究问题，从不盲目地接受既定结论。

在制造特斯拉（Tesla）电动汽车时，埃隆非常注重通过收集和分析车辆的使用数据来改进产品和服务。在特斯拉 Model 3 车型的生产初期，公司面临严重的产能瓶颈问题，埃隆没有停留在制造传统汽车的经验主义上，而是引入了高度量化的精益生产和数据分析方法。这种方式使得特斯拉能够快速响应市场需求，并在竞争激烈的市场中保持领先地位。对待实验的各项研发，埃隆选择采取从

现象出发，通过数据来进行量化分析，给出最佳的执行方案。

借助第一性原理的思维方式，埃隆·马斯克通过对本质的探求、现状的挑战、系统的布局和高效的执行，一步步将登上宇宙的梦想变成可以触摸的未来，更借助这种思维模式，成就了更好的自己。

在孩子成长的路上，家长同样需要鼓励他们面对问题时，养成以数据和实证为基础的思考习惯，充分利用数据和理性分析的力量，回到基础知识和基本原理，再次思考。引导他们从底层逻辑出发，再加以高效的执行能力，从而找到解决问题的最佳方案。

6.3 找到自己热爱又有天赋的事情

如果能找到一件自己热爱又有天赋的事情，孩子就有更大的可能获得成功。正是由于个人热爱与天赋双重"buff"叠加，埃隆·马斯克自此走向了不平凡之路。如今的他，是世界知名富豪，可谓是妥妥的"人生赢家"。而他的妈妈梅耶·马斯克，弟弟金博尔·马斯克与妹妹托斯卡·马斯克也都是不平凡的人物，他们都在自己喜欢的领域闪闪发光。以下几条法则可以带你去看看马斯克一家的成功之路。

◆ 不平凡法则一：自我认知，确认个人热爱

熟悉自己的所思所想，认识到自我、本我、超我，这是迈向成功的第一步。

富豪的自我认识之路

从小,埃隆·马斯克就表现出了对科技、创新和解决问题的浓厚兴趣。

在家里,母亲梅耶·马斯克推行一种开放、自由的家庭教育方式,她鼓励孩子们广泛阅读、独立思考,自由地探索未知领域。在这样的环境中,埃隆得以早早地发现自己对计算机编程和物理学的热爱,并将这些热爱转化为实际行动。

在青少年时期,埃隆自学编程,编写了一款游戏并成功售出。他对未来世界有超前且大胆的想象,他想利用电动汽车取代燃油车以解决环境问题,通过可重复使用的火箭技术降低太空旅行的成本,还想实现人类的火星殖民。这些梦想的种子无一不是源自他对科技、环保与未来的深入思考与热爱。

在成长的路上,埃隆深刻理解自己的内心需求和潜在才能,从而坚定地选择了那些既能发挥其独特天赋又充满激情的领域。这种对自己热爱的事物的深刻洞察力和坚定追求,使他在电动汽车、火箭、地下交通等多个领域中展现出了卓越的领导力和创新能力,最终实现了从理念到现实的跨越,铸就了他非凡的成功之路。

家长在教育孩子时,可以从日常生活中发现孩子的兴趣点,并引导孩子主动发现自己的爱好与天赋,帮助他们将自己的爱好与天赋结合起来,发现自己未来的发展方向。

喜欢厨房的少年

金博尔·马斯克作为科技巨头埃隆·马斯克的兄弟,他的才华并未显露在科技创新领域。他在与他的兄弟姐妹都不同的领域——美食领域大放异彩。

自小生活在充满探索精神的家庭环境里,金博尔同样受到了母亲梅耶·马斯克开放式教育的影响。当其他兄弟姐妹对编程、艺术领域产生浓厚兴趣时,金博尔却对美食情有独钟。他热衷探索各种不同食材搭配的可能性,享受亲手制作美食带来的满足感和创造力的释放。

少年时代的金博尔并不满足于简单的家庭烹饪,他广泛阅读各类烹饪书籍,深入研究世界各地的饮食文化,还去烹饪学校专门学习了烹饪。在成长过程中,金博尔的兴趣逐渐增加,他尝试了多种职业,还曾经学习商科,与哥哥埃隆一起创立了一家公司。但是经过了这么多的尝试后,他发现餐饮业一直是他的热爱所在,他决定将这分热爱转化为事业。他创办了自己的餐厅,这是一家农场食材直供餐桌的餐厅,他的餐厅迅速成了当地热门地标,赢得了食客们的一致好评。

自我认知是孩子成长的关键,无论是哥哥埃隆·马斯克,还是弟弟金博尔·马斯克,都是在对自己的不断追寻中,寻找到了自己喜欢的事物,找到了一生的方向。良好的自我认知是一个人成功的基础,家长可以帮助孩子寻找他们喜爱的事物,从而找到通往成功之路的入口。

◆ 不平凡法则二：确认目标，追求梦想

在追求成功或实现个人价值的过程中，不仅要有清晰的自我认识，还要树立长远的目标，规划未来。

不甘于平凡的妈妈

梅耶·马斯克的一生充满了挑战。她一直都有着坚定的目标和自己的梦想，通过坚持和努力，她成功地建立了自己的事业。如今，她是一名优秀的模特、一位成功的母亲，也是一名出色的营养师。

梅耶在生活中经历了多次挑战。她遭遇了离婚、经济困难等多重压力，但是她没有被现实打败，从单亲妈妈，到注册营养师，再到以60多岁的高龄重新成为模特并走向国际舞台，梅耶在她人生的每一个阶段都展现了对目标的清晰认知和对梦想的勇敢追求，是名副其实的"时代偶像"。

受到母亲的影响，梅耶的孩子们同样继承了这一精神。埃隆·马斯克、金博尔·马斯克和托斯卡·马斯克都在各自的领域中取得了显著成就，并仍在追寻自己的梦想。

◆ 不平凡法则三：放手去做，跨界与实践

在追求个人成就和实现自我价值的过程中，仅靠确认目标和追求梦想是不够的。为了实现梦想，还需要我们勇于实践，不断地挑战自我。

实践出真知

一开始，金博尔就是哥哥埃隆的小跟班，也是哥哥最好的助手。在刚刚上大学的时候，埃隆和金博尔一起建立了他们的第一家公司Zip2。公司刚刚成立，埃隆和金博尔忙着落实他们的商业计划，梅耶会定期拜访他们，为他们购买食物、衣服、家具等一切生活和工作所需物品。当他们没有足够的资金来支撑公司的运营时，梅耶将自己一万美元的存款全部给了他们。而在其他需要花钱的时候，他们用的都是梅耶的信用卡。他们俩为这家公司呕心沥血，经过一段时间的努力，在母亲的帮助下，公司终于成功得到了投资人的青睐。

为了探索更多的方向、筹集更多的资金，兄弟俩将Zip2公司卖掉，换了一大笔初始资金，各自继续向着自己的梦想出发。从电动汽车到探索太空，从地下隧道到人工智能，埃隆一直在不断地跨界，探索新的人生方向。而金博尔在多次跨界后，选择在美食界深耕，他除了开了一家餐厅外，还创立了一家叫做绿色巨人的非营利性机构，为资金不足的学校建造菜园。他还创建了一家帮助企业家

实现城市农夫梦想的公司,叫做方根(Square Roots)。在金博尔的工作生涯中,梅耶一直支持着他。

在孩子们创业需要帮助时,梅耶义无反顾地拿出自己的积蓄支持他们;在孩子们考虑要转变自己的工作方向时,梅耶也全力支持。

家长应教导孩子们,即使事业上已经有了一定的成就,未来发展也要根据自身情况做出选择,不受他人期待或既有成就的束缚,敢于追求自己内心的方向。

◆ 不平凡法则四:引领未来,担当社会责任

领导者和创新者不仅要努力实现目标、创造价值,更要具备前瞻性的视野和引领变革的决心。

家长在教育孩子时,应该教导他们在追求自身成功的同时,关注并积极参与解决社会问题,发挥自身的影响力去推动社会发展和科技进步,勇于承担塑造美好未来的重任。只有这样,孩子才能真正实现个人价值与社会责任的高度融合,成就不平凡的人生。

每个孩子都有独特的才能和兴趣,重要的是让他们勇于探索并坚持实践。当找到自己真正热爱且具备天赋的事情时,就有可能创造出与众不同的成就。这种选择不仅能够为孩子带来内心的满足感和幸福感,还能为社会的进步做出独特而重要的贡献。

6.4 懂得利用逆境，掌握人生翻盘的利器

在人生的道路上，每个人都会面临逆境和困难。然而，那些能够在困境中迎难而上的人才有更大的可能获得成功，埃隆·马斯克就是这样的人。

◆ **翻盘法则一**：积极心态，找寻问题的答案

在面对逆境时，首要的原则就是树立积极的心态。这意味着无论我们遭遇何种困境，都要坚信自己有能力找到解决问题的方法，不轻言放弃，始终保持乐观的态度。

特斯拉生死存亡之战

埃隆·马斯克倾注了个人几乎所有的财富

来支持特斯拉的运营，并亲自参与产品设计、优化生产流程等，但特斯拉曾几度濒临破产。埃隆坚信电动车是未来趋势，他努力解决供应链问题，提高产能以及降低制造成本，终于带领特斯拉走出了困境，取得了巨大的成功。

培养孩子积极的心态以及面对逆境时主动寻找答案的能力至关重要，家长要引导孩子养成无论面对何种挑战都能勇于面对的习惯。在创立SpaceX和特斯拉的过程中，埃隆面临了重重挑战，但是他从未向困难低头，最终引领这两家公司走向成功。

◆ 翻盘法则二：战略规划，适时调整方向

埃隆的成功并非偶然，他深知战略规划和适时调整方向的重要性。在创立和领导多家公司的过程中，他展现出了卓越的战略眼光和灵活应变的能力。

Neuralink脑机接口公司的转变

神经科学领域的挑战巨大且充满未知风险，埃隆创办的Neuralink公司在研发初期面临诸多质疑和技术瓶颈。然而，埃隆坚持并调整研究方向，推动了新技术的研发，让公司在市场中站稳了脚跟。

学会适时调整战略方向是实现翻盘的关键。在孩子的成长过程中，面对不断变化的环境和挑战时，孩子需要具备灵活应变的能力，根据实际情况调整战略规划。只有这样，孩子才能在激烈的竞争中立于不败之地。

◆ 翻盘法则三：注重效率，持续学习与成长

无论面对多么艰难的环境和挑战，埃隆·马斯克都能够保持积极的心态，保持高效率的工作，不断寻求突破和成长。

磨炼意志

在赚到自己的第一桶金后，埃隆·马斯克投资了多家公司。为了妥善地管理这些公司，他几乎将自己"掰成了几块"。他每年都会制作一个关于自己每周的飞行时间的表格。他深知时间对于事业发展的重要性，因此制定了严格的时间管理计划，确保自己能够高效地处理不同公司的各种事务。通过高效的沟通和协调，他确保每个项目都能够得到充分的关注和资源支持。

时间是公平而宝贵的资源，高效地管理时间是成功的关键要素之一。埃隆通过制定严格的时间管理计划，最终走向了成功。

面对事业上的多重挑战，埃隆·马斯克从未因困境而退缩，反

而将其视为磨炼意志、提升能力的机会。在 SpaceX 和特斯拉创立初期遭遇资金短缺和技术难题时，埃隆通过多种方法，将这些看似无法逾越的障碍变成了推动企业发展的强大动力。因此，在孩子遭遇挫折时，家长应当指导孩子积极挖掘其中蕴含的价值，从失败中学习经验，总结教训，调整策略，增强自身的竞争力。

6.5 成功源于日积月累地努力

成功并非易事,每一个人的成功都源于日积月累地努力。

作为硅谷的"钢铁侠",埃隆·马斯克用自己的成长经历诠释了成功不是一蹴而就的,而是人们通过日复一日、年复一年持续努力和积累的结果。家长在教育孩子时,一定要让孩子理解这一点。

◆ 黄金法则一:多读书,阅读是成长的底气

埃隆·马斯克推崇广泛且深入的阅读,他认为知识是构筑个人思想体系的基础。即使工作再忙,埃隆也会抽出时间阅读。

酷爱读书的小男孩

埃隆从小就特别喜欢看书,如果没有人打

扰,他能够看上一整天。他的弟弟金博尔曾经说:"他每天读书10小时是家常便饭,如果是周末,他可以一天读完两本书。"毫不夸张地说,埃隆的童年几乎完全与书籍相伴。在一家人都去逛街的时候,埃隆常常逛一会儿就不见了,但是要找到他非常容易,只要走到最近的书店,就可以马上找到他。

　　再大一些后,埃隆常常在放学后自己跑到图书馆或者书店一直待到父母下班回家。埃隆曾经回忆过当时的情景,有的时候他待一会儿,店员就会把他赶出来,但是在一般情况下,他可以在那里待很久。他喜欢看小说、漫画,还有一些冒险类、科幻类的书籍。大概在埃隆上三、四年级的时候,他就将学校和家附近图书馆里感兴趣的书都看完了,他甚至还向店员提议订一些其他的书。等埃隆再大一些的时候,他开始看《大不列颠百科全书》。在看完百科全书之后,埃隆很快就成了一个移动的小知识库,弟弟妹妹有什么不懂的地方,只要向他询问,几乎都能够得到答案。

　　保持阅读的习惯会为我们带来意想不到的收获。这种对知识的极度渴望和自主学习的习惯,为埃隆在科技、工程以及商业领域的卓越成就奠定了坚实的基础。埃隆认为书籍是他构想未来、塑造世界观、激发创新灵感的重要源泉,而这些年在书本中积累的智慧与见识无疑成为他颠覆传统行业规则、挑战人类认知极限的"底气"。

家长应该培养孩子阅读的习惯，诚如高尔基所说，"书籍是人类进步的阶梯"，每一本书都凝结了作者的智慧结晶，孩子吸收了前人的智慧，就是站在巨人的肩膀上看世界。

◆ 黄金法则二：努力工作，实现个人价值

为了实现自己的梦想与价值，这位世界知名富翁到底有多努力？

这个"工作狂"不一般

在宾夕法尼亚大学拿到双学位后，埃隆·马斯克进入斯坦福大学准备攻读博士学位。出人意料的是，在入学第二天，埃隆就选择了退学，他和弟弟金博尔一起创业，他们创立了Zip2公司。

创业之路是艰辛的，公司刚起步时总是面临着资金缺乏的问题。他们租的办公场所极为狭窄，仅有一间公寓大小。他们的公司最初只有来自父亲的2.8万美元的资金支持，钱很快就花完了。为了省钱，埃隆和弟弟常常去外面的快餐店吃饭。而他们租住的公寓仅有两张床垫。埃隆几乎没有离开过办公室，需要休息时，他就在办公室里的睡袋里睡觉。他向员工们要求，谁第一个到公司，就把他踢醒。通过这样日以继夜地工作，埃隆终于也得到了回报。Zip2公司被康柏计算机公司收购后，埃隆和金博尔都收获了人生的第一桶金。

一位曾经为埃隆工作过的下属说过:"我们每天工作20个小时,而他工作23个小时。"而埃隆的一个朋友也曾说过与他交往时的一件趣事,当时埃隆还不到20岁,有一天晚上他对她说,如果可以不用吃饭也能长时间工作的话,那他宁愿不吃饭。他想找到一种不用吃饭就可以直接摄取营养的办法。埃隆在这个年纪已经表现出了他的"工作狂"的特质,这件事情让他的这位朋友印象深刻。

但正是这种近乎苛刻的工作环境、几乎永不停歇的工作节奏,让埃隆在短时间内取得了显著成就,也让他对每个涉足的行业都产生了深远的影响。

对于埃隆来说,努力工作不仅仅是时间上的投入,更是对自我价值的深度挖掘和实现。他在SpaceX追求可重复使用的火箭制造技术,在特斯拉推动电动汽车的普及,在SolarCity倡导太阳能的应用,每一次大胆尝试和突破的背后,都是他对个人价值和社会价值的不懈追求。

◆ 黄金法则三:拓宽视野,敢于冒险

在科技创新和商业领域中,只有敢于突破常规、勇于探索未知领域,才能抓住时代赋予的机会,实现颠覆性的创新。

"我决不放弃,除非我死去"

对于太空,埃隆·马斯克似乎有执念,他将"把人类送上火星"作为自己的终极梦想,持续地将自己的精

力与资金投入与太空相关的研发中。

在猎鹰1号连续三次发射失败,又正逢全球金融危机之时,埃隆在这次逆境中不仅没有退缩,反而加倍投入。他带领团队从失败中吸取教训,不断优化设计、改进技术,在团队的持续努力下,距离猎鹰1号第三次发射失败仅一个多月的时间,猎鹰1号成功进行了第四次发射。这是世界上第一枚私人建造的火箭成功发射。这下,埃隆彻底扭转了公众对他的印象。英国《每日电讯报》曾经这样评价他:如果你没有偶像,马斯克就是你的首选。

埃隆通过一次次实践证明,只要具备足够的决心、智慧和勇气去接受挑战,那么无论是个人还是企业,都有可能创造出原本被认为不可能实现的奇迹。对于埃隆·马斯克来说,"把人类送上火星"不是科幻小说中的愿景,而是人类可以通过不懈努力和技术革新逐渐实现的目标。

在《硅谷钢铁侠:埃隆·马斯克的冒险人生》这本书中,易到用车的CEO周航写道,他曾与埃隆见过两次面,他问埃隆做了这么多疯狂的事情,是否会担心失败。埃隆说:"不,恰恰相反,这些事情失败的可能性远远大于成功的可能性,我之所以去做,不是因为这些事可以成功,而仅仅因为我想去做,那是我对于世界未来的主张。"

望子成龙、望女成凤是许多家长一生的愿望,多读书、持续努力、敢于冒险、不惧失败，这是埃隆·马斯克用自身经历带给家长们的最诚挚的建议。

希望每一个怀揣梦想的孩子都能找到通往成功的路，最终成长为翱翔于天际的"龙凤"。

第七章
Chapter 7

【乔布斯理论】
完美从极致中来

> 强调价值观的教育才能教育出拥有改变世界力量的孩子。

7.1 领养家庭+草根父母,却以"宽松教育"培养出亿万富翁

从小被一个草根家庭领养,却在25岁之际,成为世界闻名的富翁,他,就是史蒂夫·乔布斯,苹果公司的灵魂人物、科技界的天才,也是现今众多科技"大牛"心中的"白月光"。

在科技界的众多传奇人物中,史蒂夫·乔布斯无疑是一位极具影响力的巨头。但是他的故事却始于一个并不美好的开始——乔布斯于1955年出生于美国加利福尼亚州,被蓝领工人保罗·乔布斯和克拉拉夫妇领养。

保罗·乔布斯和克拉拉都来自美国最普通的家庭,在对乔布斯的教育上,他们以一种独特的"宽松教育"方式教育乔布斯,为乔布斯日后的辉煌成就铺设了坚实的基础。让我们看看乔布斯的成长经历,走近他的养父母,看看亿万富翁的培养秘方。

◆ "宽松"教育法则一：爱与自由，灌溉出茁壮的花朵

尽管是被收养的，但是乔布斯的成长过程中充满了养父母的爱，他甚至不允许别人称呼他的父母为养父母，可见乔布斯对他们的尊重和爱。从小到大，乔布斯的养父母都倾尽全力支持他，为他提供了一个充满关爱的成长环境，没有过分束缚他的天性，允许他在兴趣的指引下自由探索世界。这分无条件的爱让乔布斯在成长过程中获得了安全感和自信心，激发了他的创新潜能。

"你是我们专门挑选的孩子。"

对于乔布斯是被领养的这件事，保罗和克拉拉一直很坦率，所以乔布斯很小的时候就知道自己是被领养的了，但他一直没有真正理解"领养"这个词的含义。直到他六七岁的时候，有次他和邻居女孩说起这件事，女孩问他，是不是因为他的亲生父母不要他了，所以他才被领养了。乔布斯似乎这时才明白"领养"的意思。他当下似被雷击了一样，哭着回到家里投入养父母的怀抱，问他们，自己是否是别人不要的孩子，才被他们收养了。

保罗和克拉拉摇了摇头，他们表情严肃，用充满爱意的眼睛直直地看着乔布斯，对他说道："不是这样的，你要知道，你是我们专门挑选的孩子。"这句话让乔布斯止住了哭泣，也让他有了足够的安全感。

父母的爱能够给孩子带来足够的安全感,而安全感要从孩子小的时候就开始建立。即使保罗和克拉拉不是乔布斯的亲生父母,但他们的爱给了乔布斯勇闯未来的信心。

> 带宠物上学日
>
> 小时候的乔布斯非常调皮,他经常在学校里联合其他的学生一起恶作剧。有一次,他和朋友一起制作了"带宠物上学日"的海报,张贴在学校各处。第二天很多学生都带着自家的宠物来上学,让老师们很生气。正是因为如此,在读完三年级之前,乔布斯已经被送回家两三次。但是,乔布斯的父亲从来没有因为这些调皮捣蛋的行为而惩罚过他。

家庭环境对孩子成长的影响是不可忽视的。家长在教育孩子时,不能一味地严厉约束孩子,也要给孩子足够的爱与关怀,让孩子有更多的勇气和信心面对未来的挑战。

◆ "宽松"教育法则二:工匠精神,保持专注

乔布斯的养父母做事都非常专注。也许正是在这样的耳濡目染之下,乔布斯也有着极致的工匠精神,做事追求完美。这种完美主义体现在了他对苹果公司产品的设计追求上。

喜欢拆卸仪器的少年

乔布斯的养父保罗·乔布斯曾做过二手车商人，靠翻新、出售二手车赚钱。为了将这分热爱传递给儿子，他在车库给乔布斯搭建了一个小小的工作台，乔布斯常常和父亲一起工作。

作为一名手艺人，保罗在工作的时候特别注意手工的细节。保罗什么都会做，家里缺什么，他都会自己做。在给家里做家具的时候，就连家具的背面，这个看不到也用不到的地方他都会用心地设计、做好。他是一个追求完美的人，就算在别人看不到的地方，他也会尽全力做到最好。养父这种凡事追求完美的性格给乔布斯带来了深刻的影响。

随着乔布斯逐渐长大，他越来越喜欢和养父待在一起，养父专注工作的样子总是特别吸引他。通过保罗，乔布斯接触到了电子设备，他不喜欢汽车，但很喜欢电子设备。在周末的时候，保罗还会带着乔布斯去废品站寻找还能使用的零件，将它们修理好后二次利用，再赚取一笔钱。

除了和养父待在一起，空闲的时候，乔布斯会自己一个人默默地摆弄零件。一做起这些事情来，他就展现出了超乎常人的专注力。如果有事情找他，要叫他好几声，他才会听到。即使他被这些零件电到或者是划伤，他也不会过于关注受伤的地方，他更关注如何才能将他想要完成的作品搭建出来。

乔布斯的家庭环境培育了他的完美主义和工匠精神。保罗作为手艺人，对工作细节的关注深深烙印在乔布斯的心中，让他形成了追求完美的工匠精神。

乔布斯对细节的执着追求和对产品设计的严苛标准，在很大程度上得益于他的家庭对他专注品质和不懈努力的鼓励。这种对卓越品质的坚持最终转化为苹果公司的核心价值观，推动着Macintosh（麦金塔，简称Mac）、iPhone等划时代产品的诞生。

◆"宽松"教育法则三：以身作则，父母是孩子的榜样

作为一个年少成名的天才人物，乔布斯身上一直有诸多的争议：他常常以自我为中心，不喜欢听别人的建议，有时会让人觉得他很冷漠。这种个性是他达成伟大成就的助力，但也是他在工作上的阻力。养父母对乔布斯无私的爱与奉献缓和了他性格中的一些偏执的地方，使得他慢慢懂得了一些与人相处的技巧。

原谅亲生母亲

乔布斯的养母克拉拉患有肺癌，在她将要去世的那段时间，乔布斯几乎日夜陪在她的身边，希望自己能给养母带来一些安慰。养母去世不久以后，乔布斯就找到

了自己的亲生母亲。其实从20世纪80年代初开始，他就聘用了侦探寻找亲生母亲，但他一直不敢对保罗和克拉拉说，怕伤害了他们的感情。直到克拉拉去世后，他才对保罗说了这件事，也说了自己想与亲生母亲见一面的想法。

养父完全接受了乔布斯的决定，并宽厚地安慰乔布斯，让他放手去做这件事情，还建议他原谅亲生母亲，因为她在那个时候能把他生下来，这已经是一件不容易的事情了。在养父的宽慰与支持下，乔布斯最终与自己的亲生母亲乔安妮见面了。在与乔布斯相见的时候，乔安妮抱着乔布斯哭得很是伤心，反复向乔布斯表达了自己的愧疚，还向乔布斯介绍了他的妹妹。

父母的行为模式将直接影响孩子的性格形成和价值观的塑造。乔布斯的成功在很大程度上得益于他养父母的教育。他们以身作则，展示了勤劳、朴实和无私的爱，让乔布斯学会换位思考。这种正面榜样缓和了乔布斯性格中偏执的那一面，并帮助他在追求卓越成就的同时保持了人情味。

保罗的理解与支持教乔布斯学会了宽容和理解他人，让他在与人相处时，能够更加体谅别人。

◆ "宽松"教育法则四：坚定支持，给孩子创造机会

为了帮助乔布斯实现自己的理想，乔布斯的养父母尽全力满足

了他的一切要求。

"砸锅卖铁"上大学

高中毕业之后，乔布斯不想去读大学，尽管养父母对他说已经攒足了学费，但他仍不想去。在与养父母的再三谈判之下，他们敲定了去读大学的条件，乔布斯不愿意去读普通的大学，他要去读有趣的大学。而这时，乔布斯的选择只有一个，他要去许多学生都想去的名牌大学——里德学院。这所大学是一所私立大学，也是美国最贵的大学之一。

当时养父母只是攒够了上普通大学的钱，里德学院的学费对于他们而言实在是太贵了，他们根本就无法承受。最后，乔布斯宣称，如果不能读这所大学，那么他就哪所大学也不去，他的养父母只能同意了这个条件。最终，乔布斯成功地进入了这所大学。

从大学退学

如愿以偿地进入了自己心仪的大学，乔布斯却没有如许多人期待的那样认真学习。他喜欢里德学院，但不想去上必修课。很快他就厌倦了大学的生活，他对自己让父母把毕生积蓄花在这不值当的教育上有了负罪感，于是选择了退学。退学之后，乔布斯没有回家，而是继续待在里德学院，和朋友住在宿舍里，旁听那些他感兴趣的课程。

　　为了赚点生活费，乔布斯会用喝完的汽水瓶换取五美分的零钱。每个周日，他都会去哈雷·克里希纳寺吃一次免费的大餐。就这样艰难地生活了一年半后，乔布斯终于支撑不下去，回到了家中，保罗和克拉拉并没有因此责备他。后来乔布斯去找了一份工作，也就是因为这份工作，乔布斯才开启了自己的创业之路。

　　尽管经济条件有限，但保罗和克拉拉始终坚定地支持乔布斯的选择和决定，倾尽所有满足他想上里德学院的愿望。纵然乔布斯在读大学期间选择了退学，他们仍无条件地接纳并帮助他，没有因他任性的选择而责备或放弃他，这也给足了乔布斯继续前行的勇气。

　　父母的关爱和支持犹如孩子的双翼，决定了孩子能飞多高、飞多远。在养父母的悉心培养之下，乔布斯成长为一个富有创造力、喜欢独立思考和追求卓越的人。

　　乔布斯的养父母虽然不是富有的人，但他们给予了乔布斯无尽的爱和支持，让他在成长过程中拥有了足够的自信和勇气去追求自己的梦想。他们鼓励乔布斯探索自己的兴趣，竭尽全力为他提供了必要的资源和机会，让他能够充分发掘自己的潜力。

　　在这个过程中，乔布斯不断地尝试、学习和成长。他经历了许多挫折和困难，但他从未放弃。相反，他从这些挫折和困难中汲取了力量和智慧，不断地突破自我，最终取得了卓越的成就。

　　孩子的成长是有无限可能的，只要家长给予孩子足够的爱、支持和机会，他们就能够充分发挥自己的潜力，成为有创造力的人才。

7.2 不顾一切也要去做的事，可能会为你的未来带来机遇

乔布斯在斯坦福大学演讲时，曾说过这样一段话：你的工作将占据你生活的很大一部分，能让自己真正满意的唯一办法，是你相信自己正在做的是伟大的工作。生活中，我们有时候会做一些困难重重或者不被别人看好的事情，然而这些事情却可能隐藏着未来的机遇和转折点。

正是因为被苹果公司开除，乔布斯才找到了一生的伴侣，丰富了自己的内心，彻底改掉了过去以自我为中心、不听他人意见的性格。他最终回到苹果公司，创造了奇迹。那些我们不顾一切也要去做的事，很有可能会为我们的未来带来机遇。

家长教育孩子时，要帮助孩子建立这样的认识，一

时的失败或者困难并不能代表什么,通往梦想的路不可能是一帆风顺的。失败经历中的经验教训,就是我们通往成功之路上的基石。

◆ 黄金法则一:保持平常心,不要害怕失败

很多人都评价乔布斯是一个不折不扣的"暴君",他不喜欢听取别人的意见,往往按照自己的想法做事。但也正是因为这种性格,他才缔造了苹果公司的传奇。

相信自己的直觉和能力,即使周围的人都对你说你错了

1985年,乔布斯被自己亲手创办的苹果公司解雇。失落过后,乔布斯接受了这一变故,并利用这个机会创立了NeXT电脑公司和皮克斯(Pixar)动画工作室。

在NeXT工作期间,尽管一开始面临重重困难,但乔布斯坚持创新,不断改进技术,最终研发出了NeXTSTEP操作系统,成了后来苹果Mac OS X的基础。而皮克斯则在他的领导下逐渐成长为全球最成功的动画电影制作公司之一,创造了《玩具总动员》《虫虫危机》等多部票房与口碑双赢的动画片。

1996年底,苹果公司在市场上的表现每况愈下,此时董事会收购了NeXT电脑公司,并且邀请乔布斯回归。1997年1月,乔布斯做好了面对挑战的准备,作为非正式兼职顾问入职了苹果。他果断地做出了一系列的战略

决策，包括砍掉众多产品线、聚焦 Mac 等核心产品的开发。做出这些决定时，许多人都表示反对，但是乔布斯坚持自己的做法，这才使得苹果公司从濒临破产的边缘重新崛起，到后来成为全球最有价值的品牌之一。

面对挑战时，家长要鼓励孩子保持一颗平常心，沉着应对，将失败视为通向成功的必经阶段而非终点；鼓励孩子不畏艰难、勇于尝试，这样他们才可能抓住那些可能改变命运的机遇，创造出令人惊叹的伟大作品。

◆ 黄金法则二：求知若渴，虚心若愚

乔布斯是一名天才，而天才要成功不仅需要天赋，也需要勤奋。他的一生都坚实地贯彻了"求知若渴，虚心若愚"的学习态度。

曾经学到的知识，终将成长为你的血肉

在斯坦福大学演讲时，乔布斯还讲了这个故事。

在里德学院就读六个月之后，乔布斯就退学了，但是他还是经常去旁听自己感兴趣的课程。又过了十八个月之后，他才真正离开校园。

在这六个月中，他看不到他正在接受的教育有什么

价值，但是他却清醒地认识到，他正要花光他的父母一辈子积累下来的钱。因此，他决定退学。从他退学的那一刻起，他就意识到，他再也不用学习那些他不感兴趣的必修课，可以学习他认为有趣的课程了。

里德学院的书法课非常吸引他，因为学校的很多海报都设计得很漂亮，又工整干净，因此，乔布斯选择去旁听这门课程。他学习了 serif（衬线字）和 sans serif（非衬线字），学会了不同字母之间的间距调整，还有版面的设计技巧。通过这门课程，乔布斯认识到了书法的魅力，也拥有了更多书法设计的美学知识。

在学习这门课程的当下，乔布斯并没有意识到这门课程有什么用。但是若干年以后，当乔布斯设计苹果公司的 Mac 电脑时，多年前学到的知识却让他受益匪浅。他将这些知识融入 Mac 电脑的设计之中，而这款电脑是世界上第一款拥有精美字体版式的电脑。

到现在，许多人提起苹果公司的 Mac 电脑，首先夸赞的就是它简洁的界面与整洁的文字版式，这也是 Mac 电脑的销售量在同类产品中始终名列前茅的原因之一。

求知若渴，虚心若愚，知识的力量从来不能被估量。谁也不知道当下孩子正在学的知识会给他们带来什么样的帮助，这些知识最终都会融入他们的血肉，成为他们生命的一部分。在他们需要这些知识的帮助的时候，它们自然而然地就会现身，帮助孩子们越过当前的阻碍。

◆ 黄金法则三：敢于挑战权威，不要被传统思维束缚

乔布斯是科技界的领军人物，无论涉猎什么领域，他几乎都会创新。他鼓励团队打破常规，让客户享受极致的产品体验，以快速占据市场。

音乐产业革新

面对实体唱片业的传统销售模式和版权制度的严格约束，乔布斯通过 iTunes Store 重新定义了音乐消费行为。他整合了数字音乐下载服务与 iPod 便携式音乐播放器，创造了"随时随地享受海量音乐"的全新模式。这种模式不仅打破了唱片公司既定的规则，还引领了全球范围内的数字化音乐潮流，使得音乐分发和消费进入了一个全新的时代。

智能手机领域突破

当手机市场囿于固有、单一的产品形式时，乔布斯领导下的苹果公司勇于挑战整个行业的权威观念，发布了第一代 iPhone。这款产品取消了物理键盘，采用全触屏设计，并集合了电话、互联网通信、多媒体播放器等多种功能于一身，开创了智能手机的新纪元。尽管当时

许多业界专家对这种激进的设计表示怀疑，但如今iPhone系列手机是世界上最畅销的手机产品之一，这已然印证了乔布斯当时的设计理念是正确的、超前的。

家长在教育孩子时，应鼓励孩子跳出舒适区，打破传统的思维定式，尝试新的解决方案和模式，不要害怕挑战现有的规则和权威。

7.3 培养极致品味,缔造"完美产品"

乔布斯创造出来的产品都是风靡全球的优质产品,这些产品被设计得精致而简单,改变了人们的生活方式。他是一个优秀的产品经理。且让我们去看看他的产品认知模型,共同探寻"神级"产品经理的成长密码。

◆ **认知原则一:团队合作,一倍的时间,两倍的效率**

乔布斯擅于组建团队,苹果公司的另外两位创始人斯蒂芬·沃兹尼亚克和罗恩·韦恩都是乔布斯的好友。乔布斯深信团队的力量远胜于单打独斗,他精心设计了苹果公司的组织结构与工作流程来促进这一原则的落地。在苹果公司内部，他积极招募并授权给那些极具才华的成员，让他们能够在各自的职责范围内发挥创造力。公司还经常举行会议。这些会议不仅用于决策讨论，还作为思想碰撞与集思广益的平台，确保每个人的观点都能得到充分探讨，进而推动整个团队迅速做出高质量的决定和执行策略。乔布斯还参加了家酿计算机俱乐部。这个俱乐部会经常举行会议，与会者都是狂热的计算机爱好者，他们会在会议上讨论计算机的发展趋势，合作创新。

伟大的事业往往不是由个人单独建立，而是通过高效的团队合作才能建成。家长应引导孩子重视团队精神，学会在团队中发挥自身优势，同时尊重和利用他人的长处以实现集体目标。

◆ 认知原则二：保持自信是破除困难的魔咒

作为领导者，乔布斯一直坚信，对于任何一个挑战或困难，只要保持足够的自信，就能够克服它们，取得成功。

乔布斯的自信来自他对市场、技术、消费者需求的深刻理解。在Mac项目不被公司其他人看好时，乔布斯力排众议，坚持推进这个项目。在推出Mac时，乔布斯坚信个人电脑将成为改变世界的力量，并坚信自己能够引领这场变革。

父母应该明白，只有当孩子有自信的时候，才有独立思考的勇气，才能在面临困难时不被束缚，自由地追求自己的梦想。

◆ 认知原则三：学会专一，至繁归于至简

许多人都知道，乔布斯信仰佛教。在17岁的时候，乔布斯接触到了禅宗，学会了禅修。19岁那年，乔布斯从雅达利公司辞职，在印度待了一段时间。在印度的朝圣之旅磨炼了他的心性，而他的禅修经历培养了他对艺术的感知能力。

他的设计鉴赏能力不断提升，他慢慢发现简单其实比复杂更难。如果要做到至简，就需要过滤其他让人分散注意力的事情。因此，乔布斯的作品一直都体现了一种极简主义，他过滤了很多花哨、让人分散注意力的功能。

Mac的设计

在个人电脑市场上，当时的大多数PC（个人计算机）都带有众多让普通人难以理解和难以操作的复杂功能。而乔布斯领导下的苹果公司推出的Mac的用户界面以图形化为主，简化了计算机的操作流程，大大降低了用户的使用门槛。他们制作出了适合大多数人使用的电脑。

iPhone的设计

在iPhone出现之前，市场上的手机都有物理按键，

操作时还有复杂的菜单层级。iPhone却大胆地移除了物理键盘，采用全触屏设计，配合直观的多点触控技术和简洁明了的图形界面，让普通人都很容易操作。

对于产品的设计，乔布斯追求简单几乎到了偏执的地步，但也正是这样的偏执，成就了产品的卓越。他深知用户的需求和痛点，致力创造出能真正满足人们需求的产品，通过对细节的关注和对提供优质用户体验的追求，使得苹果的产品在操作上更加简洁、直观，让用户在使用苹果产品时拥有更加愉悦的体验。

家长在教育孩子时，要让孩子专注自己真正热爱和擅长的事情，将资源和精力都集中在少数几个关键目标上，才能够将事情做到极致，达到至繁归于至简的境界。

◆ **认知原则四：立足当下，不要等待明天**

在大部分人的一生中，工作将占据生活的大部分，唯有先付出辛勤的努力，才能在未来的某一天享受收获的喜悦。乔布斯是一个执行力很强的人，他不会患得患失，懂得抓住当下的重要性。

乔布斯希望自己领导的每一个项目都有明确的时间表，要求团队成员全身心地投入工作。他会充分利用现有资源，带领团队不断追求卓越。在产品设计和改进用户体验这两个方面，乔布斯同样遵循这一原则。他相信持续不断的微小改进累积起来就是产品品质的巨大飞跃，因此，他要求每一代新产品都要做到比上一代更好、更简洁易操作。在这样的工作氛围下，苹果公司不断创新，推出了一系列具有影响力的产品，始终走在行业的最前沿。

对于乔布斯而言，创新和改变不能等到万事俱备之时，而是要抓住当前的机会和资源，通过快速迭代和不断优化来实现目标。

对于家长而言，教导孩子明确自己的短期目标和长期目标，抓住眼前的机会实践所学，不畏困难，勇敢尝试，是非常重要的。孩子的每一次作业、每一个项目都做得比前一次更好，就可以以小步快跑的方式实现个人成长的大飞跃。

◆ 认知原则五：保持乐观，创造积极的心态

乔布斯曾经说过，被苹果公司解雇是他一生中发生的最棒的事情。在被苹果公司解雇的前几个月里，乔布斯很是沮丧和失望，然而这一切最终都被他乐观的心态打败。在之后的几年里，他不但改掉了坏习惯，还遇到了可以相伴一生的伴侣。在公众前说起这段经历时，乔布斯眼中也是满满的感激。

而在人生最后几年的抗癌斗争中，乔布斯展示了无比的乐观精神。尽管被诊断出患有胰腺神经内分泌肿瘤，他仍然积极参与公司的日常运营，同时坚持探索各种治疗方法。他的乐观态度不仅激励着自己勇敢面对病魔，也鼓舞了苹果团队和全世界的苹果用户。

乐观是创造力的催化剂和驱动力，它让我们的未来充满无限可

能。乔布斯始终以乐观的心态面对挑战和困境。他相信，保持乐观的态度就能够找到解决问题的方案，从而创造更加美好的未来。这种积极的心态帮助他在商业世界中创造了一系列影响深远的成就。

在乔布斯的领导下，苹果公司把产品构思、产品设计、产品研发、营销推广、产品包装等环节做成了一个完整的生态系统。在这个系统中，每个环节相互支撑、共同驱动，最终打造出了苹果公司的那些在市场上独树一帜、赢得广泛赞誉的卓越产品。

在教育孩子的过程中，父母应该帮助孩子保持乐观、积极的心态，因为这才是实现梦想的关键所在。

7.4 光凭创意无法成功，持续思考才能前进

乔布斯曾经在一个采访中这样表示：如果你要想做好一款产品，你的脑袋里面可能需要想出5000多个相关的问题，你需要将这些问题仔细梳理清楚，尝试各种不同的组合方式，并且将它们以各种全新的方式组合，你才会得到你想要的结果。你可能每天都会发现一些新的东西，可能是问题，可能是机会，这个过程非常奇妙。

在孩子学习时，我们可以鼓励孩子提出各种问题，比如在学习数学时，可以思考：为什么要用这样的方式解题？这个公式是怎么来的？还有什么样的解题方式？在阅读书籍时，可以思考：故事中的人物为什么会做出这样的选择？可以从故事中人物的经历学到什么？家长可以帮助孩子仔细梳理这些问题，在这个过程中，孩子

不但锻炼了独立思考的能力，还学会了从不同的角度看待问题。

◆ 思维法则一：探索与尝试，培养创新精神

乔布斯从不满足于现状，他不断探寻新的创意和解决方案。他总是鼓励团队成员在设计产品时，问自己各种问题，以激发出更多的创意和可能性。乔布斯的创新思维模式是苹果公司成功的关键，而他这样的思维方式，其实是他的养父母从小就开始培养的。

乔布斯的养父保罗曾经做过二手车车商，他喜欢研究汽车，会买下旧车维修好后再卖出去赚钱。为了将这分对汽车和机械的热爱传承给乔布斯，做维修工作时，他常常将乔布斯带在身边，还给乔布斯在车库做了一个工作台。有的时候，保罗还会和他一起做其他的手工，然后卖掉换钱。这些经历激发了乔布斯对技术的热爱，并培养了他的动手能力和解决问题的能力。

大一些的乔布斯为了了解电子产品的工作原理，自己动手拆装电子设备，并尝试改进它们的设计。工作以后，他和伙伴斯蒂芬·沃兹尼亚克一起研发游戏、设计产品，为后续创立苹果公司奠定了基础。

在探索与尝试的过程中，乔布斯面临了许多挑战和困难。他始终坚持自己的信念，认为只有不断挑战自己和团队，才能实现真正的创新。创新精神不是天生的，而是通过不断探索和尝试培养出来的。只有让孩子勇于挑战自己、不畏失败、不断学习和成长，才能

培养出真正的创新精神。

◆ 思维法则二：跨界学习，拓宽视野与认知

虽然在大学仅就读六个月就退学了，但是乔布斯的知识储备量可一点都不少。他不仅深谙计算机方面的知识，在设计产品时还强调要将科技与文化相结合。

乔布斯认为，文化能够为科技注入情感，让产品更加贴近用户的内心。他认为自己是艺术家，也鼓励设计团队成员将自己当成艺术家，多欣赏艺术，从而做出最好的产品。

乔布斯的跨界学习思维不仅仅局限在个人层面。在苹果公司，乔布斯倡导建立多元化的团队，鼓励不同背景和专业的人才共同合作。他认为，不同领域的人的想法能够相互碰撞、激发创意，为公司带来更多的机会。这种跨界合作的模式使得苹果公司在产品设计和市场营销方面取得了巨大的成功。

如今，跨界学习已经成为个人和组织保持竞争力的关键。除去在学校要学习的课程，家长可以参加各种教育咨询，鼓励孩子学习更多领域的知识，帮助孩子建立多元化思考方式。只有不断跨越领域的界限，汲取不同学科的知识养分，才能激发出更多的创意和可能性。

◆ **思维法则三：独立思考，不受外界干扰**

独立思考，不受外界干扰，是乔布斯创造颠覆性产品和引领行业变革的重要驱动力，他的成功在很大程度上得益于此。

iPhone 的诞生

2005 年，面对当时市场上已有的平板电脑样式，乔布斯提出了一个大胆设想：不要键盘和手写笔的平板电脑会是怎么样的？但主流观点认为物理键盘或者手写笔是电脑不可或缺的一部分。

苹果公司为这款平板电脑开发出了多点触控技术，让用户能通过手指触摸屏幕输入文字。但当时的手机市场被诺基亚、摩托罗拉等传统巨头占据，各个不同品牌的手机有着各种不同的问题。在没有其他手机公司能解决这些问题，且市场对触摸屏技术的接受度存疑的情况下，乔布斯决定自己研发手机，将这项技术先用在手机上。由此，这个突破性的设想最终引领了智能手机革命，彻底改变了手机行业。

乔布斯坚持独立思考，顶住巨大的压力，坚信用户需要一种更为直观简单的人机交互方式，最终推动了 iPhone 全触屏设计的实现。这一大胆决策不仅革新了手机行业，更开启了智能手机的新时代。

他的经历证明了我们在面对外界纷繁复杂的声音时，坚持独立思考并敢于挑战权威的重要性。无论是在学习还是工作中，拥有独立思考的能力至关重要。家长应在孩子还小的时候就培养他们独立思考的能力，让孩子在未来面对世界时，有自己的主见，勇于挑战固有观念，不被主流观点局限，善于从不同的角度发现问题并寻求解决方案。家长要注意不要过度干预孩子的决定，让他们在实践中锻炼自己的判断力和行动力。

同时，在追求创新和改革时，鼓励孩子要有决心，顶住压力，坚持自己的判断，不断尝试并突破自我，这样才能在未来的生活和工作中更好地应对挑战，抓住机遇，实现自我价值，得到更长远的发展。

7.5 用长远的视角看待孩子

在一次演讲中,乔布斯被问了这样一个问题:在苹果公司工作的这些年,你学到的最重要的东西是什么?在听到这个问题后,乔布斯陷入了沉思,据说回答这个问题是他在公开场合思考得最久的一次。过了许久,乔布斯才说道,他现在学会用更长远的眼光看待别人了,当他看到一些事情没有做好时,他的第一反应不是冲上去纠正,而是帮助别人在失败中吸取教训。

人都会犯错,而如何面对错误、如何看待错误,这才是最重要的。用长远的视角看待孩子,才能真正帮助到他。

◆ **黄金法则一:"放养式"教育,给孩子足够的成长空间**

乔布斯的养父母从来没有限制他的兴趣发展,允许他自由探索不同的领域。在乔布斯小的时候，无论他喜欢什么，保罗和克拉拉都会支持。面对乔布斯与他人的种种"不同"之处，养父母都选择相信与支持他，以"放养式"的态度促进乔布斯的健康成长。

遇见"生命中的贵人之一"伊莫金·希尔夫人

在乔布斯即将升入四年级的时候，他遇到了他生命中的贵人——伊莫金·希尔夫人。

希尔夫人非常注重孩子们天性的释放，为了更好地教导乔布斯，她向乔布斯发出了一个挑战。希尔夫人首先买了一本数学练习册给乔布斯当作礼物，她告诉乔布斯，如果他能够把这本数学练习册上的题目全部完成并且大多数题目都能做对的话，那么乔布斯就会得到一笔丰厚的奖励。

希尔夫人拿出了一个乔布斯从未见过的巨大的棒棒糖来诱惑乔布斯，并承诺会额外再给他五美元，于是乔布斯接受了这个挑战。后来乔布斯也成功达到了希尔夫人的要求，得到了奖励。

很快，希尔夫人就和乔布斯成了朋友，乔布斯非常尊敬她。后来，乔布斯并不再是因为想得到她的奖励而完成她给的任务，而只是为了让她感到开心。

很快，老师们发现乔布斯是一位不可多得的天才，都愿意培养他。当乔布斯回忆起这些事情的时候，他非常感谢希尔夫人对他的引导。

在教育过程中，我们应尊重孩子的个性与天性，给予他们足够的探索和发展空间，不要过度约束他们或单一地追求学业成绩。对于调皮或者难以管教的孩子，家长应当深入了解其内心需求，以激励和正面引导代替简单粗暴的责备和惩罚，从而帮助他们发现自身潜能，走上正向发展的道路。

◆ 黄金法则二：擅长交际，能说会道

乔布斯从小就展现出了出色的交际能力。他善于与人沟通，能够清晰地表达自己的想法，并且吸引他人的注意。

在乔布斯于2007年首次推出iPhone时，他独特的演讲风格和精心编排的演示环节，彻底颠覆了人们对手机的认知。他不仅详尽地阐述了iPhone的设计理念和技术突破，更是通过富有感染力的语言和引人入胜的叙述方式，成功激发了观众对这款革命性产品的期待与渴望。他的演讲内容不仅仅是信息传递，更是一场他与观众的情感交流和引起观众共鸣的表演，使得"iPhone改变世界"这一愿景深入人心，最终推动苹果公司走向了一个全新的高度。

家长应该创造机会让孩子多与不同的人交流，参与团队合作，并提供相关的培训和指导。如果有必要，还可以让孩子适当地参加培训课程，培养他们的交际能力和表达能力。通过与他人的交流和

互动，孩子可以学会正确与人沟通、表达自己的想法，从而建立良好的人际关系。在未来的生活和工作中，这种能力将有助于孩子更好地与他人合作、实现自我价值，并让孩子在激烈的竞争中脱颖而出。

人生就像一场马拉松，起跑线上的表现并不能决定这场比赛的胜负，更重要的是持久的耐力、坚韧的意志以及不断学习进步的能力。我们要注重培养孩子的综合素质，用长远的眼光看待孩子的发展，这样他们才能在未来的人生道路上稳健前行，最终赢得属于自己的胜利。

成长的路上四处为家

亲爱的读者：

您好！无论您是以何种身份看到这里，是渴求学习成功教育模式的家长，或是对名人成长经历饶有兴趣的年轻人，或是在书店偶然拿起这本书的陌生人。首先十分感谢您读完了这本书，让我们有机会在这里跨越时间和空间相见，并进行一场简短的对话。从接下来的部分开始，我们将不再局限于成功教育案例的剖析，而是转而表达作者个人的一些深度感悟与心声。若这些内容未能引起您的共鸣，我依然由衷感激您对我的首部作品投入的精力与时间。那么，对于愿意继续聆听我的故事的诸位朋友，接下来的内容将分为三个部分，和您分享我的一些深度见解与实践心得。

"真"盖茨的故事

或许您在看到标题时正期待着探索比尔·盖茨成长

历程中的独家故事，不过要让各位失望了，很遗憾我也不知道什么关于比尔·盖茨的秘闻。只不过我的名字也叫盖茨（Gates），而我是来自中国的一位"00后"创业者——盖茨·姚（Gates Yao）。

在此，我必须预先声明以免产生误会，我与著名的美国企业家比尔·盖茨先生除了名字上的相似之外并无直接关联或交集。

许多人对我有些了解，大概是源于我在20岁时登上胡润百富中国U30富豪榜的新闻报道。此外，也可能是因为我创立的多个公益组织和企业，或是我曾获得的一些奖项。无论我们因何途径相识，我想讲述的故事都将从最初的起点开始。

回顾至今为止的光阴，我将我的人生大致划分为四个阶段：6岁前，在沈阳无忧无虑的童年时期；6岁到14岁，在深圳求学的启蒙时期；14岁到16岁，前往英国留学的深造时期；16岁以后，前往美国开启创业生涯时期。

我于2002年12月在沈阳出生，成长在一个数代从商、有着深厚商业底蕴的家庭。当提及"数代从商"，或许会引发你们的好奇心——究竟是跨越了多少代人呢？坦诚地说，具体的世代数目我不甚明了，只是依稀记得祖父母闲谈时提到过我家曾在北京拥有的丰厚产业以及清朝时期的做官的祖先等家族历史片段。不过在我的记忆里，这些遥远的历史传承并未与我的日常生活产生直接关联，我的祖父母辈中的亲人与这些都扯不上什么关系，所以这些都不重要。

我在上小学之前，由居住在沈阳的爷爷奶奶抚养。我的爷爷是吉林工业大学（现吉林大学）的高材生，他在毕业后当上了高级工程师。而我的奶奶则是一位国营工厂中荣获"劳动模范"称号的八级钳工。我度过了一段既单纯又快乐的童年时光，除了上幼儿园和参加珠心算辅导班外，大部分时间我都在自由玩耍和观看电视节目。这是我小时候最快乐的一段时光。

对于这段时光，有一件事深深地烙印在我的心中，并对我的成长产生了深远的影响。我的爷爷是高级工程师，画了"一辈子"图纸。他的形象始终是儒雅且沉稳的。他总是穿着整洁的衬衫和西裤，佩戴一副无框眼镜，举手投足间尽显斯文气质。无论遇到何事，他都从容不迫，冷静应对，带给人无比的安全感。说来也有趣，如此温文尔雅的知识分子形象背后，令我印象最深刻的却是他在我身上留下的一个教训：那是唯一一次他对我发火并体罚了我，仅仅是因为我在他的书上画了一个乌龟，为此我的屁股收到了一个红掌印。当时的我对此深感震惊与委屈，初次意识到原来爷爷也会生气，也会动手打人。随着年龄的增长，如同许多孩子逐渐理解父母的良苦用心一样，如今回想起这件事，它成了我人生中的重要一课，让我在5岁时便知道了要尊重书本和知识。尽管最终我没有成为像爷爷那样的"学霸"，但这个道理确实构成了我成长历程中的第一块基石，让我始终怀揣着对知识的渴望、对人才的尊重。

2008年，父母将我接到深圳就读学前班，这是我第一次与父母有了长时间的接触。虽然在此之前，我与我的父母有过不少次的接触，但是因为他们工作繁忙，我们每次的相聚总是短暂且匆忙，因此未能在我的心中留下深刻的印象。我的父母都是商人，也算是白手起家的企业家，虽然早年间太爷爷那辈曾拥有过不少产业，但到我爷爷那一辈时，这些产业已不再延续。

在我的记忆里，父母总是处于忙碌的状态，以至于每周能见到他们的机会屈指可数，大多数时间，都是由阿姨照料我的生活起居。即便偶尔有机会和父母相处，彼时的他们也往往疲惫不堪，留给我与他们为数不多的相处时间大多都在他们工作的空当里。记得有一次，是我读二年级的时候，他们去北京参加会议，带上了我。在他们开会的时候，我就在酒店的房间里自己看电影，他们开完会空出一天的时间专门陪我登长城，然后共同返回深圳。这样的行程成了我们为数不多的家庭出游经历。这样的生活经历对我决心创业以及构筑个人商业版图的人生目标产生了极其重要的影响。

随着年龄的增长，我能更安静地应对各种场合，不去打扰他们。除了被临时安置在酒店外，我也经常跟随父母出席各类商务活动。我在不少知名大企业的会议室里度过了一整天又一整天的时间，这样的经历让我在尚未完成小学学业之前，就有幸遇见了许多上市公司的高管及老板。尽管当时的我还不能完全理解他们的交谈内容，但在2014年，能够理解"共享经济""IoT（物联网）""大数据时代"等概念，并能与高管们探讨，这对普通的小学生来说是很少见的。

但实际上，相较于认识了众多商界精英并极大拓展了我的视野的经历，这一时期对我影响最深刻的却是来自父母的言传身教：第一，我的母亲让我学会了什么叫做家庭责任、什么叫做社会责任。她是一个有理想、有抱负的企业家，在我们有限的共处时光中，无论是谈论学习还是探讨理想，她都潜移默化地将她的价值观传递给了我。第二，我从父母的经历中体验到从商之路的艰辛，并从中汲取了拼搏奋斗的精神。他们通常深夜才归家，这种勤勉的工作状态在我的心中烙下了深深的印记。因此，在读大学以后直至今日，我养成了高效利用时间的习惯，每天只需要保持五个小时左右的休息时间，以追求最大限度的工作时长。第三，在这样的家庭环境下，我对商业产生了浓厚的兴趣，并立志做出能够改变世界的事情。由于我父母与苹果公司保持着密切的合作关系，所以我一度把乔布斯当成了偶像。

这段经历算是奠定了我的理想，并且在爷爷带给我的"知识"的基础上又加上了"责任""刻苦"和"热爱"。随后的故事可能部分朋友已经耳熟能详，因为我在各类创业活动和峰会上曾多次分享过这些经历。接下来，我会精选两个具有代表性的故事进行简要回顾。

首先就是我在初中留学英国时创立 ICSO 国际公益扶持组织的故事。其实无数次有人问过我，为什么我在14岁就会想创立一家国际公益组织。很多人猜测是因为家庭的影响，或是纯粹的爱心驱使，但其实都不是。实际上，我成立 ICSO 的初衷极其朴素和直接。当时，在深圳市义工联合会累计服务了几百个小时后，我带着志愿服务证明转至英国的新学校，并希望校方能将这些时长计入我的个人在校服务记录中。然而，当我将这份证明呈交给对接的老师时，对方却表示由于他无法理解中文内容，对深圳这个地点也感到陌生，因此无法认可这份证明的有效性。这样的回应无疑触动了我这个自小便在"来了就是深圳人，来了就做志愿者"的宣传中成长起来的孩子内心深处的情感，并激发了责任感。

在这样的背景下，我与几位有着相似经历的在英国留学的中国同学一道，在强烈决心的驱使下，在英国创建了ICSO国际公益扶持组织。我们的初衷旨在建立一个在全球范围内均可获得认可的公益机构，因此赋予它一个寓意深远且大气的名字。回溯当初，我们精心筹备章程、设计LOGO和旗帜、搭建官方网站，并成功举办了几场公益活动。当我们将自己亲手制作的志愿者证明再次递交给那位负责老师时，他惊讶的眼神至今仍记忆犹新。此刻回忆起来，心中不禁觉得很解气。凭什么仅因地域差异或个人认知局限而拒绝认可中国的志愿服务成果呢？其中是否掺杂着某种优越感，我无从得知。历经7年多的不懈努力，今日之ICSO没有辜负当年所取的大气之名。

目前，ICSO已拥有包括联合国、比尔及梅琳达·盖茨基金会、腾讯公益慈善基金会、阿里巴巴公益基金会、中华社会救助基金会、斯坦福大学、伦敦大学等在内的800多家合作伙伴。业务范围覆盖中国、英国以及美国，并在这几个国家均获得了合法注册资质。累计参与的志愿者人数也已突破了万人大关。可以说，我们真正实现了初心——打造一个源自中国、受到全球认可并享有高知名度的公益组织。同时，我们也真正逐步实现了把中国公益故事讲出去、把海外公益模式引进来的愿景。

在投身公益的这些年里，我最大的收获是"向善"与"勇气"。自创立ICSO起，我便体会到向善的力量。无论国家，无论人种，无论民族和语言，只要你秉承一颗善心去做事，永远都会有善良的人与你同行。尽管中国人在海外发达国家开展的公益活动或许很难占据主流地位，但重要的是勇于将内心所想付诸实践，并向世界宣告你的决心。事实证明，只要有勇气表达自我，总会吸引那些同样心怀善意的人们携手前行。

第二个故事是关于我的创业历程。我的创业经历其实颇为丰富。如果把小学一年级时在班级里贩卖橡皮，或是节假日在欢乐谷门口售票也算作"创业"的话，那么可以说我的创业之路可以追溯到我很小的时候。但若严格以成立正式企业为标准，则始于我六年级时开设网店的尝试。不过，今天我想特别讲述的是我在20岁时创立的一家企业——幕桐资本。

幕桐资本虽然表面上是一家并不运营具体业务的普通股权投资公司，但它却有着非同寻常之处：专注于投资共益企业（Benefit Corporation）或者慈善公司。换言之，就是以ESG（Environmental, Social and Governance，中文意思为"环境、社会和公司治理"）为标准投资各种对社会发展有益或者致力于推动世界发展的社会企业和慈善组织。自从我创立ICSO国际公益扶持组织以来，这类事情始终贯穿在我的事业之中，并随着幕桐资本的建立而变得更加体系化。

目前，幕桐资本投资的企业包含了教育、科技、文化、新零售、慈善等多个领域，其中有代表性的公司有益倍提教育、梦可得教育、璇途国际教育、启校鹿科技、麦塔森元科技、美国ICSO慈善基金会、霁境文化、青姚科技等。这些公司虽然所处领域和行业不同，但最终目的都是希望科技向善、资本向善，以创新的方式达到影响力规模化的最终愿景。

在创业的道路上，作为一家百人级别的小企业主，我还在继续努力学习和探索的阶段。如果要给我这些年的创业经历做个小结，我认为让我学到的最重要的东西分别是"创新"与"共享"。商业世界本就是一个混沌的大染缸，有形形色色的人，有各种各样的物，会碰见五花八门的事，而我们在商业世界中要做的无非就是两件事：找人和做事。而想要找准人，最重要的就是共享，就如埃隆·马斯克做的那样，把技术公开，那么想找的人和技术就会如雨后春笋般冒出来；把钱分出去，团队就会带着技术向你而来。想要做对事，最重要的就是创新，唯有像史蒂夫·乔布斯那样在未知的临界点上探索，才有可能真正地引领未来和改变世界。

现在，让我们来一同梳理一下我的成长历程。来自童年时期的"知识"，来自少年时期的"责任""刻苦""热爱"，来自青年时期的"向善""勇气""创新""共享"，这八个要素组成了我完整的成长经历，也成就了现在的我。虽然我的成长经历或许无法复刻，但没有谁的成长可以被复刻。这本书的意义本就不是让任何人来复刻别人的人生，而是希望以别样的视角分享一些传统意义上人们认为优秀的人的成长路径。

换言之，优秀是否等同于成功？对于这一问题，我不便揣测他人的观点，但至少在我个人看来，很多时候，那些能够享有简单幸福生活的人同样也拥有成功的人生——他们拥有温馨的家庭、陪伴左右的爱人、四季轮回间的日常饮食、子孙满堂，这种人生何尝不是一种成功，又何尝不是一种至高的人生追求？

最后，感谢一路陪伴我、带我成长的亲人、爱人、友人，是你们的教导、包容和支持才成就了今天的我。同时也谢谢您，我的朋友，感谢您认真地读完了我写的第一本书，如果您有什么想跟我聊聊，可以关注"盖茨学长"微信公众号，我期待在那里与您再见面。

究竟谁是好孩子？

在很长一段时间内，或许是因为从事教育行业的缘故，我曾无数次地被人问过如何培养出一个好孩子、一个优秀的孩子。五年前，我喜欢通过分享我的学习方法和生活方式来回答这个问题；两年前，我喜欢通过分享我的成长经历来回答这个问题；但如今的我开始觉得越来越难回答这个问题了，因为我开始纠结和苦恼究竟什么样的孩子才叫好孩子，什么样的孩子才叫优秀的孩子。

之前的我与很多家长想的一样，认为优秀的人无非有高学历、高收入、好身体、幸福的婚姻。所以我一度认为自己这样的就挺优秀，但时至今日，我倒有了一些不太一样的看法。兼济天下、独善其身、报效国家、承欢膝下，四个词语、四种境遇、四种状态、四种人生，谁又能判定好与坏？成功与否更取决于个人的想法。

成长的路上四处为家

我希望能够通过我的故事和在正文中分享的所有故事传达给所有家长一个理念，其实整本书的故事都有一个共同点，那便是"以分别为目的的教育"。没有哪个孩子永远属于父母，也没有哪个孩子会永远留在父母身边。与夫妻间的爱情不同，父母与子女之间唯有以分别为基础才能更好地相爱。

分别教育是我在教育行业从业五年中，亲眼见证的对孩子影响最大的一种教育方式。分别教育做得好的孩子无论是在学校或是在社会上都有着更好的表现，但试问：又有几个家长在对孩子的早期教育中就跟孩子提到"你终究有一天会离开父母独自生活"呢？很多家长与年幼的孩子沟通时对死亡避而不谈。其实分离和死亡都不可怕，都是生活中普通到不能再普通的事情，但缺乏分别教育和死亡教育的孩子们在遇到此类问题时会备受打击，手足无措。家长可以在孩子还小的时候就逐步和孩子分享分离和死亡的概念，让孩子在未来可以更好地应对这两个问题。

期待你在阅读完本书后，能对"成长路上四处为家"的理念形成初步的理解，并在未来逐步将这一认知融入个人实践中。